Советы супругам и родителям

Амвросий Оптинский

Советы супругам и родителям
© Bibliotech Press, 2021

ISNB: 978-1-63637-700-1

СОДЕРЖАНИЕ

СОВЕТЫ СУПРУГАМ И РОДИТЕЛЯМ

О СУПРУЖЕСТВЕ	1
О ДЕТЯХ	8
В БОЛЕЗНИ	26
СМЕРТЬ БЛИЗКИХ	45
О ДОБРОДЕТЕЛЬНОЙ ЖИЗНИ	52
ИСПЫТАНИЯ И ИСКУШЕНИЯ	77
ХРАНЕНИЕ БЛАГОЧЕСТИЯ	101
ОБ ОБИДЯЩИХ И НЕНАВИДЯЩИХ	111

О СУПРУЖЕСТВЕ

Счастье основано на страхе Божием

Поздравляю тебя с новобрачными, а N — с новой супругой... Сердечно желаю им взаимного супружеского союза и мира, а тебе утешения их благопокорностью и достодолжной почтительностью и уважением, какое приличествует родителям от благоразумных и послушных детей. Все же трое всегда вы должны помнить и не забывать того, что тогда только жизнь ваша будет проходить мирно и благополучно, когда мы не будем забываться и забывать Бога, Создателя нашего и Искупителя и Подателя благ временных и вечных. Не забывать же Его — значит стараться жить по Его Божественным и животворным заповедям, и в нарушении их, по немощи нашей, искренне каяться и немедленно заботиться об исправлении своих ошибок и отступлений от заповедей Божиих.

Всеблагий Господь да утвердит нас на спасительном Своем пути!

Семейные тяготы

Семейные тяготы должно переносить, как добровольно избранную нами долю. Задние мысли тут скорее вредны, нежели полезны. Спасительно лишь то, чтобы о себе и о семействе молиться Богу, да сотворит о нас полезное по воле Своей святой.

От души желаю вам всего того, что вы выразили в краткой приписке вашей касательно истинного разумения дел и кроткого обращения с другими, и благодушного перенесения скорбей, и благоразумного отражения интриг человеческих и козней исконного врага. Поминайте царепророка Давида, который помощью Божией, пройдя подобные обстоятельства, написал так: "Терпя потерпех Господа, и внят ми, и услыша молитву мою, и возведе мя от рова страстей и от брения тины (греховной), и постави на камени (заповедей Божиих) нозе мои, и исправи стопы моя, и вложи во уста моя песнь нову, пение Богу нашему" (см. псалом 39).

Без столкновений прожить невозможно

Пишешь мне о случае, который произвел на всех вас неприятное впечатление. Что делать? Старинные люди давно решили, что век без притчи не проживешь, и прибавили, что и горшок с горшком сталкивается, тем более людям, живущим вместе, невозможно пробыть без столкновения. И особенно это бывает от различных взглядов на вещи: один о ходе дел думает так, а другой иначе, один убежден в своих понятиях, кажущихся ему твердыми и основательными, а другой верует в свои разумения. Ежели в первоначальном правиле арифметики слагается один и один, то выходит два, если же в третьем правиле помножить два на два, то выйдет уже четыре; если же дело дойдет до дробей, то окажутся цифры вверху и внизу, а посреди них черта: так бывает и в делах человеческих. Если их очень раздробляют, то окажется неудобство и вверху и внизу, с какой-либо преградой посреди не.

Я как тебе писал и говорил прежде, так и теперь скажу: ежели будешь веровать в Промысл Божий и надеяться на всесильную Божию помощь, то не встретишь никаких неудобств... и... будешь всегда пользоваться возможным спокойствием душевным. Когда же будешь заботиться о том, чего не может и случиться (потому что предположения по большей части неверны и ошибочны), то напрасно себя будешь только беспокоить.

Тебе думается, как бы не отказали тебе вдруг. Из получаемых мною писем не вижу я и намека об этом и не думаю, чтобы с тобой так поступили, разве уж по каким-либо особенным непредвиденным обстоятельствам. Мало ли что предлагают люди: не всегда это принимается к делу. <...>

А тебе советую держаться золотой середины в обращении с младшими и старшими, стараясь не настаивать на своем и делать по своей обязанности то, что будет возможно по соображению, руководствуясь страхом Божиим и своей совестью.

Призывая на тебя мир и благословение Божие, остаюсь с искренним благожеланием всего тебе душеполезного, внешние же неудобства надо потерпеть.

Надо терпеть

Ты ожидала себе успокоения, а получила огорчение. Что делать? Не унывай, а утешай себя мыслью, что ты не лучше святого царя Давида, который во всю свою жизнь претерпевал семейные расстройства и скорби, больше твоего не во сто ли раз. Всего описывать не буду, а скажу только, что сын его Авессалом решился низвергнуть отца с царского престола и покушался на... его жизнь. Но святой Давид искренне смирился пред Господом и пред людьми, не отвергнув досадительных укоризн от Семея, а сознавая свои вины пред Богом, смиренно говорил другим, что Господь повелел Семею клясть Давида. За такое смирение Господь не только явил ему помилование, но и возвратил царство.

...Мы должны быть рассудительны, то есть должны прежде всего заботиться о получении милости Божией и спасения вечного, а не о том, чтобы возвращать прежнее царство, то есть временные блага, которые выпали и выпадают из ослабленных рук сына. Впрочем, силен Господь исправить и его, если только он захочет преклониться под крепкую руку Божию. Нужно смиренно и с верой молиться Богу об этом, да вразумит его и нас.

Довольство портит людей

Касательно N... слова наши переданы верно, что О. А. советовала вам постращать ее монастырем, чтобы удержать от попытки возвратиться в родительский дом по известной причине. Слава Богу, что N... осталась... жить с мужем, хотя и в нужде; но довольство и изобилие портит людей. От жиру, по пословице, и животные бесятся.

О запрете на развод

N вам говорит, что развод между супругами запрещен Господом Иисусом Христом. Читаем собственные слова Господа: "А Я говорю вам: кто разведется с женою своей, кроме вины любодеяния, тот подает ей повод прелюбодействовать" (Мф. 5, 32).

Из этого каждый может видеть, что развод запрещен Господом не безусловно. Если супруги соблюдают верность друг к другу, то не должно им разводиться; а в противном случае связывать супругов неудобно. Этому правилу следует и святая Церковь <...>

Утешение покинутой жене

Пишешь, что тебя муж отослал, и ты, не имея пристанища себе настоящего, какого желалось бы тебе, скорбишь, почему решилась прибегнуть к Богу и просить Его, на основании евангельских слов:

"Просите, и дастся вам...". И что же — вот и проси, и проси несомненно и терпеливо, — получишь.

Будь же благоразумна в прошении, чего просить. Он сказал: "Ищите прежде Царства Божия и правды его, а сия (то есть временное, жизненное) вся приложится вам". Учит просить так: "...да приидет Царствие Твое, да будет воля Твоя"... и "внидете узкими враты в Небесное Царствие". А святой апостол Иаков говорит: "Не имате, зане не просите, просите и не приемлете, зане зле просите, да в сластех ваших иждивете".

Итак, проси у Господа терпения — и Он тебе подаст, и укрепит на таком пути, который ведет в Небесное Царствие. Он говорит: "Аз есмь путь и истина". Ты намерения Божия о себе не знаешь, поэтому молись: да будет над тобою Святая Его воля, на которую и возложи смиренно упование и надежду твою.

О пьянице-муже молись Богу

Муж твой чрезмерно предан винопитию, а ты с ним жестоко обращаешься, бьешь его, когда он бывает в нетрезвом виде. Боем ничего не выбьешь, а хуже в досаду его приведешь. А ты лучше с верой и усердием молись за него святому Иоанну Крестителю Господню и мученику Вонифатию, чтобы Всеблагий Господь, за молитвы своих угодников, отвратил его от пути погибельного... и возвратил его на путь трезвой воздержанной жизни.

Брак между родственниками

Спрашиваешь о браке племянника и племянницы на родственных лицах, говоря, что ныне разрешают. Что ж толку-то, что разрешают. Супружеского счастья не бывает за это; да и на детях отражается неизлечимой болезненностью... а поэтому я не могу советовать на подобные браки решаться.

Католику, женатому на православной

Если вы соглашаетесь принять истину православия, то следовало бы вам принять ее без всяких условий, как истину. А вы пишете: "Я готов исполнить желание жены моей, но лишь в том случае, если, принеся свое убеждение в жертву, я увижу ее в полном здоровье".

На это вам скажу, что условие это весьма неуместно, потому что болезнь жены вашей, может быть, произошла по вашей же вине: или не почитали вы праздников в супружеских отношениях, или не соблюдали супружеской верности, за что и наказываетесь болезнями жены, так как мужу приятно иметь всегда жену здоровую. Ежели вы постараетесь искренне исправить свою жизнь и искренне примете истину православного исповедания, то силен Господь возвратить здравие супруге вашей, если только это будет полезно обоим вам. Всеблагий Господь всегда устрояет только полезное, душеполезное и спасительное.

Господь глаголет о Себе в Евангелии: "Аз есмь путь и истина и живот". Молитесь искренне и с верой Всеблагому Господу, чтобы извел вас на истинный путь спасения.

О ДЕТЯХ

Страх трудного рождения

Вас заботит время трудного рождения: и заботит и страшит так, что эта преобладающая мысль мешает вам пользоваться всяким благом жизни, и поэтому желаете иметь какую-либо молитву себе в подкрепление. Есть православное предание, что в этих случаях прибегают к Божией Матери, по названию иконы, Феодоровской. Выменяйте или напишите себе эту икону, празднование которой бывает дважды в год: 14 марта и 16 августа (27 марта и 29 августа по новому стилю). Если пожелаете, то можете накануне этих дней вечером совершать домашнее бдение, а в самый день — молебствие с акафистом Божией Матери. По усердию можете совершать это и в другое время, как пожелается. Можете ежедневно и сами молиться Царице Небесной, читая Ей не менее двенадцати раз в день "Богородице Дево радуйся", хоть с поясными поклонами. Столько же раз читать и кондак Ей: "Не имамы иныя помощи, не имамы иныя надежды, разве Тебе, Владычице. Ты нам помози, на Тебе надеемся и Тобою хвалимся: Твои бо есмы раби: да не постыдимся".

Обязанности крестных родителей

От восприятия младенцев при крещении не должно настойчиво уклоняться. Нас судить будет Бог Всеведущий, Которому вполне известно, сколько могут назидать духовных детей восприемники в настоящее время. Впрочем, обязаны они часто молиться за детей своих, чтобы Господь... удержал их на пути благочестия и не попустил совершенно заблудить от стезей спасения; и вообще молитва за близких нам должна быть приносима со смирением Всеведущему и Всесильному Богу. Где невозможно помочь делом и советом, заповедь имеем молиться друг за друга, да исцелеем.

О подкинутом младенце

Нисколько не смущайтесь тем, что к вашему дому подкинули младенца мужского пола, и не отклоняйте от себя христианского дела оказать этому ребенку возможную с вашей стороны помощь и содействие, сперва в простом воспитании, а если Господь Бог продлит его жизнь и вашу, то и в христианском наставлении, чтобы самим получить за это милость от Господа.

В Священном Писании сказано: "блажен, иже имать семя в Сионе", то есть блажен тот, кто будет иметь в вечной торжествующей Церкви Христовой хоть единое чадо духовное.

Вы пишете, что можете дать этому ребенку воспитание в добром бездетном семействе, помогая как ему, так и тем, которые будут его воспитывать. Хорошо сделаете, если поступите так <...>

Пишете также, что можете его усыновить себе. Формальности этой не советую вам делать: а прежде всего постарайтесь дать ему христианское воспитание, а при этом и образование, не высокое и блестящее, а потребное к делу, чтобы ему быть практическим человеком, могущим добывать себе насущный хлеб.

А во-вторых, можете его обеспечить соразмерным денежным капиталом, положив этот капитал в какой-нибудь банк, с таким условием, что если этот ребенок доживет до совершеннолетия, тогда может получить этот капитал. Если же он умрет прежде совершеннолетия, в таком случае местное общество или местное начальство должно разделить этот капитал вдовам и сиротам по усмотрению. Проценты же с капитала могут получаться на его воспитание, то есть теми, у кого он будет воспитываться. <...>

Христианское воспитание

Вас тяготит забота, как дать детям вашим христианское воспитание, и выражаете эту заботу так: "Всякий день на опыте вижу, что не имею достаточно твердости к исполнению долга по совести, и чувствую себя весьма неспособной сложить душу человека по образу и по подобию Божественного учения". Последняя мысль выражена очень сильно и относится более к содействию и к помощи Божией; а для вас довольно будет и того, если вы позаботитесь воспитать детей своих в страхе Божием, внушить им православное понятие и благонамеренными наставлениями оградить их от понятий, чуждых православной Церкви. Что вы благое посеете в душах своих детей в их юности, то может после прозябнуть в сердцах их, когда они придут в зрелое мужество, после горьких школьных и современных испытаний, которыми нередко обламываются ветви благого домашнего христианского воспитания.

Веками утвержденный опыт показывает, что крестное знамение имеет великую силу на все действия человека во все продолжение его жизни. Поэтому необходимо позаботиться вкоренить в детях обычай почаще ограждать себя крестным знамением, и особенно пред принятием пищи и пития, ложась спать и вставая, пред выездом, пред выходом и пред входом куда-либо, и чтобы дети полагали крестное знамение не небрежно или по-модному, а с точностью, начиная с чела до персей, и на оба плеча, чтобы крест выходил правильный.

<...> Не мешает, кроме других воспитательниц, если возможно, иметь для себя хорошую русскую няню: другие няни пусть занимаются по другим частям, а православная няня — по православной части, и особенно крестным знамением; с нее этот предмет и спрашивать. Как можно и насколько можно приспособить это к настоящему делу по обстоятельствам, постарайтесь; совершенно же этого из виду упускать не должно. Ограждение себя крестным знамением многих спасало от великих бед и опасностей. <...>

Пишете: "Желала бы я, чтобы мы избегли с мужем того пагубного разногласия в деле воспитания, которое почти во всех супружествах вижу я". Да, вещь эта действительно премудреная! Но спорить об этом при детях вы и сами заметили, что неполезно. Поэтому в случае разногласия лучше или уклоняйтесь и уходите, или показывайте, как будто не вслушались; но никак не спорьте о своих разных взглядах при детях. Совет об этом и рассуждение должны быть наедине, и как можно похладнокровнее, — чтобы было действительнее. Впрочем, если вы успеете насадить в сердцах детей ваших страх Божий, тогда на них разные человеческие причуды не могут так зловредно действовать.

<...> Замечаете в сыне вашем сухость или мало чувства и другие недостатки. Но в детстве вообще не у многих бывает истинное, настоящее чувство: а большей частью оно проявляется в более зрелом возрасте, уже тогда, когда человек более начнет понимать и кое-что испытает в жизни. Притом избыток внутреннего чувства незаметно служит поводом к тайному возношению и осуждению других; а недостаток чувства и сухость невольно смиряет человека, когда он станет понимать это. Потому много не огорчайтесь тем, что замечаете в сыне вашем этот недостаток; со временем, может быть, и в нем неизбежные в жизни испытания пробудят должное чувство; а только позаботьтесь о том, чтобы передавать ему, по возможности, обо всем здравые понятия, согласно учению православной Церкви.

Пишете, что до сих пор сами занимались с ним и прошли с ним священную историю Ветхого Завета; и спрашиваете, как и чему его учить и кого избрать для этого? Пройдя с ним Ветхий Завет, вам самим должно кончить это дело, то есть перейти к Новому Завету; а потом уже начать катехизическое учение. Вы боитесь, что сухость катехизиса не прибавит ему теплоты. Катехизис никому не прибавляет теплоты; а довольно того, чтобы дети имели правильные понятия о догматах и других предметах православной Церкви. Если желаете, чтобы православное учение действовало и на сердце сына вашего, то читайте с ним "Православное Исповедание" и "Училище Благочестия"; а законоучитель пусть обучает его по катехизису, принятому в учебных заведениях.

<...> Вы затрудняетесь выбором и назначением духовника. Чтобы своего духовника не огорчить... наперед сами объясните ему все то, что находите нужным и полезным для вашего сына, с прибавлением прошения исполнить это, так как по вашему сознанию священная обстановка при исповеди для ребенка нужна, хотя для понимающего она особенного значения не имеет.

Перед исповедью и сами вы займитесь вашим сыном и приготовьте его к этому таинству, как сумеете. Заставьте его перед исповедью прочесть заповеди с объяснением. Касательно исправления его недостатков вообще можете ему говорить иногда полушутливым тоном: "Ты ведь молодой князь; через такие поступки не ударяй себя лицом в грязь".

<...> Вы глубоко уверены, что нет для человека иного источника благополучия на земле и вечного блаженства на небе, кроме Церкви Христовой, и что все вне оной — ничто, и желали бы передать это убеждение детям своим, чтобы оно было как бы сокровенной их жизнью; но вам кажется, что не имеете призвания учить и не можете говорить с должной силой убеждения об этом великом предмете.

Как мать чадолюбивая, сами передавайте сведения об этих предметах вашим детям, как умеете. Вас в этом заменить никто не может, потому что другим вы должны бы еще сперва растолковать ваши понятия и желания, и при том другие не знают ваших детей и их душевное расположение и потребности; и при том слова матери более могут действовать на них, нежели слово постороннего человека. Наставления других действуют на ум, а наставления матери — на сердце. Если же вам кажется, что сын ваш многое знает, многое понимает, но мало чувствует, то, повторяю, не огорчайтесь и этим. А молитесь об этом Богу, да устроит полезное о сыне вашем, яко же весть.

Вы пишете, что у него прекрасная память; пользуйтесь и этим. Передавайте ему, кроме наставлений, душеполезные повести и по времени спрашивайте его, чтобы он вам повторял, как помнит и понимает. Все, что он от вас услышит, будет сперва храниться в его памяти и уме, а потом, с помощью Божией, при содействии опытов в жизни, может перейти в чувство.

Вы жалуетесь, что мать отвлекает вас от занятий с сыном. Можете объяснить ей прямо, что польза сына требует, чтобы вы с ним занимались; а она, как разумная бабушка, конечно, в этом должна снизойти вам без огорчения.

Повторяю: призывая Божью помощь, действуйте касательно сказанного, как умеете, как вас вразумит Господь и как можете, — ничтоже сумняся и ничтоже бояся.

Отношение к родителям

Ты желаешь иметь от меня собственноручную строчку, называя себя духовной моей дочерью. Если так, то слушай, что скажет тебе духовный отец твой.

Ежели желаешь в жизни твоей быть благополучной, то старайся жить согласно заповедям Божиим, а не по простым обычаям человеческим. Глаголет бо Господь через пророка Исаию: "Аще послушаете Мене (т. е. исполнением заповедей Божиих), то благая земли снесте". Главная же заповедь в обетовании: "Чти отца и матерь, да благо тебе будет и долголетен будешь на земли". Неуместные выходки или вспышки перед родителями ни в каком случае неизвинительны. Обносится* между людьми мудрое слово: яйца курицу не учат.

Юному возрасту прежде должно себя обучать и вразумлять хранением очей, обузданием языка и вообще благонравным и скромным поведением и обращением с другими, отражая от себя даже помыслы противозаконные и богопротивные, потому что люди смотрят только на лицо, Бог же взирает на сердце; и от него зависит наша участь, как в настоящей, так и в будущей жизни.

Никого не суди и не осуждай, да и сама избежишь осуждения от Бога. Наконец, помни и никогда не забывай грозное слово Господа: "Аще кто постыдится Мене и Моих словес в роде сем прелюбодейнем и грешнем, и Аз постыжусь его, егда прииду во славу Отца Моего со Ангелы святыми". <...>

...о почтении к старшим сказано в Писании: "старцу пакости не твори". Тем более дети обязаны всячески почитать своих родителей, стараясь успокоить их всем, что не противно заповедям Божиим <...>.

О чтении

Мнение мое в отношении занятий чтением такое, чтобы прежде всего занимать юный ум Священной Историей и чтением житий святых, по выбору, незаметно насевая в нем семена страха Божия и христианской жизни; и особенно нужно с помощью Божией суметь ему внушить, как важно хранение заповедей Божиих и какие бедственные последствия бывают от нарушения оных. Все это выводить из примера прародителей наших, вкусивших от запрещенного древа и за то изгнанных из рая.

Крыловы басни можно оставить до времени, а пока занимать ребенка изучением наизусть некоторых молитв, символа веры и избранных псалмов, например: "Живый в помощи Вышняго", "Господь просвещение мое" и подобных. Главное, чтобы ребенок был занят по силам и направлен к страху Божию. От этого все доброе и хорошее, как и напротив — праздность и невнушение детям страха Божия бывают причиной всех зол и несчастий. Без внушения страха Божия, чем детей ни занимай,

— не принесет желаемых плодов в отношении доброй нравственности и благоустроенной жизни. При внушении же страха Божия всякое занятие хорошо и полезно.

Особенные тонкости и предосторожности... не совсем уместны. Нужно вести дело проще, с надеждой на помощь Божию, которой и всегда просить должно...

* * *

Читая духовные книги без указания, вы опасаетесь, как бы вам не впасть в какие-либо неправильные мысли и неправильные мнения. Опасение ваше весьма основательно. Поэтому, если не хотите... бедствия душевного, не читайте без разбора всякие новые сочинения, хотя бы и духовного содержания, но таких сочинителей, которые не подтвердили своего учения святостью жизни; а читайте творения таких отцов, которые признаны православной Церковью за твердо известные и без сомнения назидательные и душеспасительные.

Чтобы не потерять твердое православие, возьмите в руководство себе и детям своим книгу "Православное Исповедание" Петра Могилы. Рассмотрите ее со вниманием и со тщанием и написанное там содержите в памяти твердо, чтобы и самим хорошо знать дело своего спасения, и знать, что нужно сказать и указать детям в приличное время. Второй книгой в этом роде да будет Летопись или 4-я часть творений святителя Димитрия Ростовского. За нею и прочие части его творений читайте не только для руководства относительно правых мнений и разумений, но и для руководства в самой жизни, чтобы знать и уметь, как когда должно поступить чисто по-христиански, согласно православным постановлениям. Для этой же цели читайте книгу Аввы Дорофея, которую по справедливости называют зеркалом души. Зеркало это покажет каждому не только его действия, но и самые движения сердечные. В посты и особенно в дни говения прилично и полезно читать творения Ефрема Сирина в русском переводе, выбирая главы о покаянии. Остальное в его творениях можно читать во всякое время; не мешает также повторять главы о покаянии.

Чтобы более утвердиться в православных понятиях, советовал бы я вам прочитать со вниманием и со тщанием все творения нового угодника Божия святителя Тихона Задонского. Слог их хотя и тяжел, но вы при чтении старайтесь обращать внимание ваше более на мысли и на предлагаемые христианские правила. Чтение двух русских светил, святителя Димитрия Ростовского и святителя Тихона Задонского, многое вам разъяснит и много вас утвердит. К этому прибавьте и слова апостола Павла: "В научения странна и различна не прилагайтеся: добро бо благодатию утверждати сердца, а не брашны, от нихже не прияша пользы ходившии в них" (Евр. 13, 9). И в другом месте: "аще мы, или ангел с небесе благовестит вам паче, еже благовестихом вам, анафема да будет" (Гал. 1, 8). Крепко держитесь за это свидетельство и не соглашайтесь принимать никаких новых учений, как бы благовидны они ни были, подражая хорошо знающему все признаки и приметы чистого серебра, который скоро примечает примесь всякой лигатуры и не чистое серебро отвергает. <...>

Утвердившись в православном учении, сперва читайте все духовные журналы, с означенным разбором, и изберите потом, который более придется по духу вашему. <...>

Иногда детям нужно уступать

Не знаю, как подействовали слова наши на него, но только мы довольно много и усердно толковали с ним о разных предметах. Плоды бесед наших дома у вас виднее будут на самом деле: иное — слова, иное — сама действительность, которая обыкновенно выражается в поступках и действиях человека. Тогда уведомьте нас, как пойдет общая жизнь ваша.

Я хорошо не понял, потому что вполне не понимаю коммерческого хода дел; а N выразил предо мною желание свое так: "Если бы маменька дала мне годовые проценты хотя бы с 50 000, тогда бы веселее было мне заниматься общим ходом дел: так как на эти проценты барышные я стал бы сам испытывать и маменьке показывать свою опытность, какая на самом деле будет выходить хорошая или не хорошая". Он сам вам лучше это пояснит, и как предположение это вы найдете, удобным ли или не удобным, сами это разберите; и как найдете лучше, так и поступите. А кажется, по свойству его характера, нужно немного и уступать.

* * *

Слава и благодарение Господу, что и сам N доволен своей поездкой в Оптину, и вы в нем замечаете хоть некоторую перемену к лучшему. Говорите, будто я вам написал, что надо сыну более уступать, но что вы столько ему уступали, что больше этого и сделать нельзя.

Я этого не разумел <...>, а писал, что иногда надо ему и уступать. То есть я разумел, что должно ему уступать, снисходя к его характеру, в мелочных делах, когда и где от этого не предвидится вреда. А в чем находите его желания несообразными с делом, можете, при случае, свои мысли объяснить ему. <...>

Учите детей и от них учитесь

Детей вы обязаны учить, а от детей сами должны учиться, по сказанному от Самого Господа: "аще не будете, яко дети, не внидите в Царствие Небесное". А святой апостол Павел протолковал это так: "Не дети бывайте умом, но злобою младенчествуйте; умы же совершении бывайте".

Меры этой достигнуть тебе от всей души желаю. Если же в совершенстве этом оскудеваем... то смиряться должны от всей души, чтобы таким образом не лишиться нам милости Божией, по сказанному в псалмах: "смирихся, и спасе мя Господь". <...>

О непостоянстве желаний молодых

Пишете, что желаете женить вашего единственного сына и он не прочь от женитьбы, что представляются много невест достойных, но ни одна не соответствует его вкусу.

Таково вообще направление нынешних молодых людей и таков их вкус, которому трудно удовлетворить, потому что они сами часто не знают, чего хотят. Что же для таких людей будет по душе и по чувствам?

Опыт жизни и вера исправляют таковые души и чувства. И потому его теперь трудно вразумить. Он не может поверить ни вам, ни другому, пока не испытает легковесности суждения и чувств своих на деле. Он угрожает вам уйти из вашего дома куда-нибудь далеко или определиться в контору. Пусть его идет из дому, только не пускайте далеко, а чтобы он жил где-нибудь, если не на ваших глазах, то у знакомых или у надежного человека, который бы мог удерживать его от своеволия. Пожив на чужих руках, скорее оценит ваш кров и материнскую заботливость. А если теперь его женить, при таком его душевном настроении, едва ли будет прок в женитьбе.

Как выбирать невесту

Испрашиваешь моего грешного совета и благословения вступить в законный брак с избранной тобой невестой.

Если ты здоров и она здорова, друг другу нравитесь и невеста благонадежного поведения, и мать имеет хорошего, неропотливого характера, то и можешь вступить с нею в брак.

* * *

<...> Если сын здоров, и не обещался в монахи, и желает жениться, то и можно. Бог благословит. А чтобы была посмиреннее, то смотри.

Если мать невесты смиренна, то и невеста должна быть смиренна, потому что по старинной пословице: "яблочко от яблоньки недалеко откатывается".

* * *

...Ты приискала какую-то невесту для N, которая тебе нравится. И ты ждешь моего грешного благословения, чтобы начать дело. По получении моего письма повтори еще свои справки о невесте, чтобы узнать ее обстоятельно, и если действительно окажется хороша, то и Бог благословит начать это дело. <...>

А в заключение всего прибавлю. Вполне хорошо может быть только тогда, когда и мы со своей стороны постараемся быть хороши, как требуется от нас заповедями Божиими. Святой мученик Иустин, как значится в древних сказаниях, говорит, что Господь наш Иисус Христос во время земной Своей жизни занимался делением плуга и ярма, означая этим, что люди должны трудиться и справедливо и наравне с другими нести тяготу, как впряженные волы ровно несут свое ярмо: если один из двух будет отставать, то другому бывает труднее. Если бы супруги ровно, по-христиански разделяли тяготу жизни своей, тогда людям и на земле было бы жить хорошо. Но как супруги часто бывают упруги, оба или один из двух, то наше благополучие земное и не упрочивается. <...>

Не оставляйте сына праздным

Если сами намереваетесь заняться предлежащими делами, а сыну с женой думаете выдавать сколько-нибудь на содержание, то советовал бы я вам, чтобы сын ваш был не совсем праздным, купить для него имение, чтобы он занимался хоть каким-нибудь хозяйством, чтобы не быть ему в праздности и без дела, потому что праздность есть начало и причина многим порокам и многому злу.

Помоги Вам Господи! Терпите, принимая это, как от руки Божией.

Как приучить к серьезным занятиям

Спрашиваешь, как приучить питомицу твою к серьезным занятиям, но сама сознаешь трудность твоего дела. Особенно мудрено советовать издали когда не знаешь, как будут приняты наши слова.

Предложи сперва, чтобы из дня сделали день, а из ночи — ночь, а когда в этом будешь иметь успех, тогда можно будет думать и о другом. И вообще, соображаясь с обстоятельствами, делай, что можешь, призывая помощь Божию и содействие свыше от Господа, Иже хощет всем спастися и в разум истины прийти.

В благие минуты можешь сказать питомице, что она как христианка, кроме журналов, должна читать духовные книги и на слово не верить всякому вздору без разбора: что можно родиться из пыли и что люди обезьянами были. А вот это правда, что многие люди стали обезьянам подражать и до степени обезьян себя унижать.

Когда в будни нельзя бывать в Церкви, пораньше вставай и прочитывай что-нибудь молитвенное в свое утешение. Неопределенным положением своим не смущайся, а жди с терпением устроения о себе Промысла Божия.

О справедливом завещании

Слышу, что вы написали духовное завещание, в котором назначили двум сыновьям большую часть капитала... а двум другим сыновьям меньшую...

При написании духовного завещания следовало бы вам попомнить апостольское слово: "подражатели бывайте Богу, яко чада возлюбленные"; потому что Бог и пришедшим в единодесятый час повелел дать ровную часть с работавшими от двенадцатого часа жизни, не помянув, яко незлобивый, противление и прогневание последних.

Тем более что Сам Господь в Евангельском учении увещевает всех, глаголя: "аще бо отпущаете человеком согрешения их, отпустит и вам Отец ваш небесный. Аще ли не отпущаете человеком согрешения их, ни Отец ваш отпустит вам согрешений ваших". Рассудите хорошенько это великое слово Господне при настоящем вашем болезненном положении: не придет ли вам благое желание изменить духовное завещание ваше, назначив всем детям части поровну <...> А такая путаница не даст покоя душе вашей в будущем веке.

Вот как думаю аз грешный, так и пишу вам убогий мой совет.

Вы же рассмотрите сами снова дело это, и, здраво обсудив его, сделайте так, как будет полезно и душе вашей, и всем детям вашим. <...>

Матери, скорбящей о неверии сына

Подав однажды нищему милостыню о здравии вашего сына, смутились, когда он стал молиться об упокоении его. Не смущайтесь этим. От ошибки или недоразумения нищего не могло и не может произойти ничего противного для вашего сына, и ничего большего и лучшего нельзя пожелать, как в свое время сподобиться Царствия Небесного.

А что вы в скорби своей о сыне иногда думали, что лучше было бы для него умереть, нежели жить так, как он живет, — за это укорите себя и с полной верой предайте и себя самое и сына вашего воле Всеблагого и Премудрого Бога. Если Господь чьи дни сохраняет, то благодетельствует, если чью жизнь пресекает, то снова благодетельствует, и вообще, по слову святой Церкви, Господь глубиной мудрости человеколюбно все устраивает и полезное всем подает. И потому для человека нет ничего лучше и полезнее преданности воле Божией, а нам судьбы Божии непостижимы.

Вы сознаете, что многим сами виноваты, что не умели воспитать сына, как должно. Самоукорение это полезно, но сознавая вину свою, должно смиряться и раскаиваться, а не смущаться и отчаиваться. Также не должно очень тревожиться вам мыслью, будто вы одна — невольная причина теперешнего положения вашего сына. Это не совсем правда: всякий человек одарен свободной волей и сам за себя более и должен будет отвечать пред Богом.

Спрашиваете, не написать ли вам сыну вашему наудачу в Москву и как ему написать, чтобы тронуть его сердце? Напишите ему сперва вкратце, чтоб узнать, где он теперь находится, а когда узнаете, то можете написать и подробнее. Можно тогда ему сказать, что он теперь, вероятно, собственным опытом испытал, к чему ведет безбожие и вольнодумство, что, стремясь к необузданной свободе, он забыл, что от греха, особенно досаждения родителям, произошло... рабство, которого прежде не было на земле, и т.п. Помолясь Богу, пишите, как Господь положит вам на сердце. <...> И вообще, вам должно теперь не столько заботиться вразумлять его, но более молиться за него, чтобы Сам Господь, Имиже весть судьбами, вразумил его. Велика сила матерней молитвы. Вспомните, из какой глубины зла извлекла блаженного Августина молитва благочестивой его матери. А молясь за сына, молитесь и о себе, чтобы Господь простил вас, в чем вы по неведению согрешили.

Вы описываете, как тяжела настоящая ваша одинокая жизнь. Примите это как евангельский крест, благодарите Бога, пославшего вам оный к пользе вашей душевной и к очищению согрешений, от которых никто из живущих на земле не свободен. К утешению и назиданию вашему прочтите и в Евангелии от Матфея главы с начала пятой до одиннадцатой.

В БОЛЕЗНИ

И недуги, и здоровье — от Господа

Господь лучше нас знает, что для нас полезнее, а потому-то и посылает кому здоровье, а кому и нездоровье. За все же слава и благодарение Милосердному Господу, Который не по беззакониям нашим творит с нами и не по грехам нашим воздает нам; но если и наказывает нас, то с пощадением.

* * *

<...> Болезни и неприятные случаи посылаются нам к пользе нашей душевной, и, прежде всего, к смирению нашему, и к тому, чтобы вели жизнь свою осмотрительнее и рассудительнее.

В последнюю бытность твою в нашей обители была ты в каком-то странном настроении духа и в недовольном каком-то расположении, неизвестно на кого. По простому слову, ты как будто искала кого-то виноватого. Я не решился допрашивать тебя о сем, а предоставил это всеблагому Промыслу Божию, чтобы Сам Господь вразумил нас на полезное. Вот Господь и вразумляет... посылая... болезни, неожиданно нас постигающие, а с другой стороны, и неприятные случаи через таких лиц, которые нам и прежде досаждали. Поэтому смиримся под крепкую руку Божию, прося помилования от Господа и избавления от предстоящих скорбей.

Враг искушает христиан

Слышу, что хвороба к тебе опять пристала и спина болит и внутренность не в порядке. Я уже не раз тебе писал о содержании 94-й главы блаженного Диодоха, что древних христиан враг искушал разными мучениями, а христиан настоящего времени враг искушает разными помыслами и разными недугами телесными. И блаженный Диодох советует нам в это время помнить псаломское слово: "терпя потерпех Господа и внят ми"; и апостольское слово: "его же любит Господь наказует, биет же всякаго сына его не приемлет". Есть и поговорка, которою обыкновенно утешают себя скорбящие в затруднительном положении: "Терпел Моисей, терпел Елисей, терпел Илия, потерплю и я". <...> И блаженный Екдик пишет: "дом души — терпение; пища души — смирение".

Когда пищи в доме не достает, тогда душа выходит вон, то есть из терпения. На словах об этом рассуждать легко, а на деле исполнять не всегда легко, и не для всех. <...>

Несмотря на немощь

Письмо твое получил, в котором объясняешь, что все хвораешь и скорбишь о нездоровье своем... Во всем этом должно предаваться всеблагой воле Божией и всеблагому Промыслу Божию о нас. А сами мы ничего не можем сделать своей заботой, а только напрасно беспокоим себя и отягощаем душу свою. Касательно нездоровья скажу, как и сам я постоянно нездоров и... всегда в каком-то расслаблении с ревматическими болями во всем теле... Отраду нахожу в том, когда размышляю, что великий светильник православной Церкви святой Иоанн Златоуст находился всегда в болезненном положении. Несмотря на это, занимался делами Церкви и написал толкование на Евангелия и на все апостольские послания и, наконец, терпел великие гонения со всех сторон. Других больных исцелял, а сам умер в лихорадочном положении <...>

Вылечат духовные средства

N полечить медицинскими средствами можно. Только это едва ли поможет. Потому что здесь духовные причины. Первая, что он принял неправую сторону матери, а потому неправильно смущался. И думаю, что он за это подвергся наказанию. А может быть, есть еще одна или две причины духовные...

И потому для него всего лучше чистосердечная исповедь и вразумление духовное. Скорбные искушения во всяком случае полезны...

Положись на волю Божию

В последнем письме... сказала, что боишься болезни рака в груди. И всякая болезнь тяжела, тем более болезнь рака; но делать нечего, покориться этому следует. Бог лучше нас знает, кому какая пригодна болезнь для очищения страстей и согрешений. Не напрасно святой Ефрем пишет: "боли болезнь болезненне, да мимотечеши суетных болезней болезни".

Сама знаешь, что болезнь эта большей частью происходит от тревожного состояния души, но по немощи и давней привычке не можешь удержаться от таких мыслей. Сама явно видишь, что враг под благовидными предлогами искушает тебя такими помышлениями; но под теми же предлогами не можешь не увлекаться этими мыслями, и по характеру твоему, и по особенному взгляду на вещи.

Заметив и познав это искушение вражие, чаще молись Господу Богу, чтобы устроил о тебе полезное и спасительное по воле Своей святой и простил бы тебе невольные ошибки, если действительно это ошибки. Ты не выше Ефрема Сирина, который зазрел Василия Великого, что он был пышно одет, идя на служение в церковь, но скоро был обличен и вразумлен. Молись и ты с верой и смирением Господу Богу, чтобы Он... тебя вразумил и успокоил <...>

Иное дело о подвижнической жизни думать и рассуждать, и иное — самой жизнью это испытывать. <...>

По немощи нашей телесной и душевной полезнее нам смиряться и покоряться тому, как дело идет по обстоятельствам, нас окружающим.

Болящему другу

Ты жалуешься на свои болезни, ты скорбишь, дорогой мой, и у меня, грешного, ищешь утешения и подкрепления своей страждущей душе... Друг мой! Что я, многонемощный, могу сказать тебе в утешение лучше того, чем утешал себя в немощах первоверховный апостол Христов Павел: "когда я немощен, тогда силен" (2 Кор. 12, 10). Сам Господь сказал ему, когда он жаловался на свои немощи: "довольно для тебя благодати Моей, ибо сила Моя совершается в немощи" (2 Кор. 12, 9). Почему и хвалился он своими немощами и только немощами: "собою же не похвалюсь, говорит, разве только немощами моими" (2 Кор. 12, 5). Взирай на пример великого апостола, и Господь укрепит тебя Своей всесильной благодатью! А я вместо своего слова грешного предлагаю тебе благодатное слово святоотеческое.

Это целая переписка одного святого подвижника, преподобного Варсонофия Великого с болящим старцем — иноком Андреем. Этот старец просил Авву помолиться о немощах его, и вот преподобный Варсонофий пишет ему: "Предоставь Богу заботиться о тебе, возложи на Него все свои попечения, и Он устроит все, что до тебя касается, как Ему угодно. Он лучше нас знает, что нам полезно по душе и по телу, и сколько попустит тебе поскорбеть в теле, столько подаст и облегчения в согрешениях твоих. Бог ничего от тебя не требует, кроме благодарения, терпения и молитвы о прощении грехов. Мы имеем Владыку сострадательного, милостивого, человеколюбивого и простирающего руку грешнику до последнего его издыхания. Прилепись Ему, и Он устроит все лучше, нежели мы просим или думаем".

К душевной пользе

А что здоровье твое стало трухляво: нечего делать, надо потерпеть; посылается это к смирению нашему и вообще к пользе нашей душевной.

Кто болезнь телесную принимает и переносит, как должно, о том сказано, что сколько внешний человек тлеет, столько внутренний обновляется А мы душевно обновляемся только в тот день, когда не покропочемся.

Апостол о себе говорит: егда немоществую, тогда силен есмь; а с нами бывает более так: немощствует тело, немоществует и душа.

Но и в немощи нашей помянет нас Господь, если понудимся, как сможем, смиряться.

Терпи немощи с благодарением

Бог не требует от больного подвигов телесных, только терпения со смирением и благодарения.

* * *

Никто не должен оправдывать свою раздражительность какою-нибудь болезнью — это происходит от гордости. "А гнев мужа, по слову святого апостола Иакова, правды Божия не соделовает".

* * *

Пришел как-то к о. игумену Антонию один больной ногами и говорит: "Батюшка, у меня ноги болят — не могу класть поклоны, и это меня смущает". О. Антоний ответил ему: "Да уж в Писании сказано: "сыне, даждь ми сердце", а не ноги".

Пост в жизни болящего

Ежели совесть ваша не соглашается, чтобы употреблять вам в пост скоромное, хотя и по болезни, не должно презирать или насиловать совесть свою.

Скоромная пища не может исцелить вас от болезни; и потому после вы будете смущаться, что поступили вопреки благих внушений совести вашей. Лучше из постной пищи выбирайте для себя питательную и удобоваримую вашим желудком.

Бывает, что некоторые больные употребляют в пост скоромную пищу как лекарство и после приносят в этом покаяние, что по болезни нарушили правила святой Церкви о посте. Но всякому нужно смотреть и действовать по своей совести и сознанию и сообразно с настроением своего духа, чтобы смущением и двоедушием себя еще больше не расстроить.

Вот я вам высказал свое мнение, как разумею; а вы избирайте для себя полезнейшее.

* * *

Наступающий пост старайтесь проводить рассудительно, соображаясь с телесными силами. По нездоровью и в 69-м апостольском правиле разрешается елей в среду и пяток, и даже некоторым на Страстной седмице, с покаянием и самоукорением, памятуя мудрое изречение святых отцов, что мы не телоубийцы, а страстоубийцы.

Преподобный Исаак Сирин пишет об одном старце, который вкушал пищу через два дня. Если же приходилось ему побеседовать с приходящими час или два, тогда он уже не мог вкушать пищу обычно, а принуждаем был сокращать срок времени и вкушал более обычной порции.

Вам должно помнить, что вы хозяйка дома, окруженная детьми, к тому же и нездоровье привязывается к вам. Все это показывает, что вам нужно более заботиться о душевных добродетелях; касательно же употребления пищи и других телесных подвигов у вас должно стоять впереди всего благое рассуждение со смирением.

Ежели в душевных недостатках приемлется покаяние, смирением растворенное, то в телесных немощах покаяние и самоукорение еще более имеют место. Преподобный Лествичник приводит слова "ни постихся, ни бдех, ни на земли возлегах, но смирихся и спасе мя Господь". Начните, помолившись Богу, вкушать пищу в пост с елеем. Если же нужда потребует, по нездоровью вашему, большего, то в виде лекарства можете употреблять и большее. Представьте со смирением немощь вашу Господеви, и силен Он устроить все во благое.

Во время приготовления (к Святым Тайнам) нужно несколько дней употреблять без елея, но только советую вам придумывать пищу попитательнее, сухих плодов и подобного по желудку вашему, чтобы вы были способны к службам (если это возможно) и присматривать за детьми и в доме.

* * *

<...> Пишете, что в прошедший Успенский пост, по совету моему, говели и приобщились Святых Тайн и что исполнение этого христианского долга оживило и подкрепило вас. Слава Богу! И в наступивший Рождественский пост опять советую, подготовившись, приступить к... Божественному и спасительному Таинству. По заповеди церковной православные христиане должны приобщаться Святых Тайн во все четыре поста, а однажды в год приобщаются только очень-очень озабоченные житейскими делами и недосугом великим. Вам же советовал бы я приобщаться, кроме постов, и в большие

промежутки, как, например, между Успенским и Рождественским постом.

Как помирить совесть с немощью

Пить или не пить чай до обедни в праздники? В этих случаях всякому должно смотреть на указание своей совести и на свою немощь телесную. И чтобы помирить совесть с немощью, хорошо бывать у ранней обедни и, напившись чаю, можно отправляться и к поздней обедне, смотря по обстоятельствам.

Если же не случится быть у ранней, а нельзя немощь пересилить к чаю, то нужно после приносить в этом покаяние, как и во всяком нарушении заповедей Божиих, по немощи. Если мы немощны телом и духом, то более должны держаться смирения и покаяния, не оставляя и того, что по силе своей нести можем. Смущаться во всяком случае вредно. Видя же немощь свою и неисправность, за таких себя и считать должны.

Соборование необходимо

Пишешь о своих болезнях многосложных и что жила при родителях в девушках. Что же? Ведь ты не одна девушка жила при отце и матери; но ты, может быть, обет давала оставаться девою, — это дело другое. Если обещалась в девицах остаться, а потом решила пойти замуж, — это не позволено, и за такие поступки бывают часто наказания Божии, подобные твоим. Ты ясно... не пишешь, но по ходу твоей болезни видно, что есть нечто в делах жизни твоей ненормальное.

Ездить много нет потребы. Господь может исцелить тебя всякой иконой чудотворной, и всякий угодник Божий может тоже своими молитвами ко Господу помочь тебе. Но все в Боге и Богом. Есть болезнь наказательная, которой одно врачевство: положиться на волю Божию и терпеть, пока Он восхощет помиловать. Это имей в виду. А съездить к преподобному Тихону и к о. Иоанну Кронштадтскому можно. И когда будешь в Тихоновой пустыни, то потребно с семи лет и за всю жизнь покаяться и поисповедаться пред духовником, причаститься Святых Тайн и особороваться святым елеем.

Таинство соборования многих безнадежно больных воздвигало от одра; кроме того, оно очищает забытые и недоуменные грехи; и после положись на волю Божию. У докторов уже можно не лечиться. О соборовании суеверия не принимай или людские мнения. Испрашивая на тебя мир и благословение Божие, остаюсь с искренним благожеланием. <...>

P. S. Впрочем, судьбы Господни не испытаны. Иных Он любя ведет подобным путем скорбей и болезни для большего душевного блага, и это воистину Божия милость.

* * *

Слышу, что вы больны серьезно, а по совету докторов отлагаете таинство елеосвящения, — тогда как таинство это необходимо в тяжких болезнях. Святой апостол Иаков пишет в послании своем: "болит ли кто в вас, да призовет пресвитеры церковныя, и да молитву сотворят над ним, помазавше его святым елеем во имя Господне, и молитва веры воздвигнет его; и аще грехи сотворил есть отпустятся ему". Таинством елеосвящения прощаются забвенные и недоуменные грехи. <...>

Болезнь — немалый труд

Здоровому все здорово; а больному ни то, ни другое нехорошо. Невольно вспомнишь покойного нашего о. архимандрита Моисея, который говаривал: "Вот уж ожидаем нова небесе и новы земли, в них же правда живет, и будет все хорошо. А тут нам, грешным, надо потерпеть, что придется". (И заканчивал свою речь приятной улыбкой. Да и пословица есть: "И не хочешь, да хохочешь".)

Пишешь, что Н. и Е. лечатся кумысом. Сердечно желаю, чтобы лечение это им помогло. Но скажу, что когда дело пойдет вниз, не помогает и кумыс. Впрочем, не помогает только в телесном отношении неудавшееся лечение, а для души оно приносит большую пользу, — во-первых, смиряет человека, а во-вторых, напоминает о будущей жизни и о переходе в оную. Сколько ни живи, а умирать неизбежно; равно и отдавать отчет за свою жизнь, по апостольскому слову: "вси предстанем судищу Христову, и кийждо приимет мзду по своему труду". И болезнь переносить составляет немалый труд. Не без причины согрешающие предаются во измождение плоти, да дух спасется в день Господа нашего Иисуса Христа, когда принесут искреннее раскаяние в своих согрешениях <...>

Лечиться — не грех

Спрашиваешь меня грешного, — в обыкновенных болезнях ждать ли всегда чудесного исцеления, молитвенно прибегая к помощи Божией, и не грешно ли пользоваться и простыми средствами. Греха в этом никакого нет; потому что все от

Господа Бога, и лечебные средства, и сами лекаря. И не в том состоит грех, что человек прибегает к врачебным пособиям; а в том, если больной всю надежду на выздоровление полагает в одном враче и врачебных средствах, забывая при том, что все зависит от Всеблагого и Всемогущего Бога, Который Един, их же хощет живит или мертвит. <...>

От скорбей никуда не уйдешь, не уедешь. Покойный наш старец о. игумен Антоний говаривал: "тогда будет нам покой, когда пропоют над нами: со святыми упокой". Такая уж временная жизнь человека, беспокойная и многоскорбная. Впрочем, если будем смотреть на скорби с христианской точки зрения, то и в самих скорбях увидим для себя утешение. Уже тем одним дороги для нас скорби и болезни, что ими только одними и можно достигнуть вечно бесскорбной, светло-блаженной жизни на небесах. Об одном только должно нам позаботиться, чтобы безропотно переносить их.

Не ропщи

Сожалею, что твое здоровье в настоящее время очень слабо... Но святой Лествичник и болезнь называет подвижничеством, и притом подвижничеством отраднейшим, хотя и невольным. Отраднейшим потому, что на произвольное подвижничество охотников мало, и тут может примешиваться возношение, осуждение других; а в невольном болезненном подвижничестве нечем человеку погордиться, нести же его человек несет, как-нибудь, хотя и невольно, по нужде — уж некуда деваться.

Произвольное и невольное подвижничество равно усмиряют плоть, а последнее иногда посылается еще и для истребления возношения. Поэтому старайся в болезни благодушествовать и благодарить милосердие Божие за невольное вразумление.

...Более всего в болезненном положении остерегайся ропотливого расположения духа. Преподобный Исаак Сирин пишет: "Бог все немощи человеческие несет, ропщущего же не терпит, аще не накажет".

Также берегись роптать и на людей за неисполнение каких-либо твоих требований или по другим каким причинам. Что ни посылается к нашему терпению, все это попускается Промыслом Божиим к нашей душевной пользе, если только сами не повредим сего нашим неблагоразумием.

<...> не ослабевай в терпении, и понуждайся смиряться пред Богом и пред людьми, и заботься об искреннем и истинном покаянии и исповедании. <...>

Не смущайся

Когда устанешь, полежи и отдохни, и опять вставай. Твори, пока будут силы и пока будет возможно, должное и полезное и спасительное; а в неисправности и в немощах кайся, но не смущайся; а со смирением взывай ко Господу, как и мытарь: "Боже, милостив буди мне грешной!"

Понимаю твое неудобство; но как это изменить на удобство, не вижу средств и возможности, кроме одного евангельского средства, указанного Самим Господом: "в терпении вашем стяжите души ваши". Крепко держись за это средство и умудряйся во спасение, изо всех сил уклоняясь от суетного и душевредного. Не ты одна так рассуждаешь, а и многие: если бы наперед знали да ведали, что так будет, то иначе бы повели дела свои. Теперь уж изменять обстоятельства неудобно и поздно, а повторяю: умудряйся во спасение.

О долге много не заботься. Силен Господь исправить и эту тягость. Только начни с того, чтобы уклоняться от неполезного и суетного, отзываясь (отговариваясь) старостью и болезнью.

Утешение

Ты падаешь духом, особенно потому, что не имеешь возможности бывать на церковных службах. Полезнее для нас оставлять свои мнения и покоряться воле Божией, спасающей нас терпкими врачбами. Болезни телесные посылаются для уврачевания недугов душевных. Терпим теперь невольное неудобство за то, что не воспользовались удобствами благочестивой жизни, когда имели на это полную возможность, но расслабевали и не хотели по человекоугодию или по собственному нерадению; и теперь достодолжно следует нам понести постигшие нас тяготы, принося благодарение Всеблагому Господу, промышляющему о спасении нашем.

О том, что на службах церковных не бываешь, не скорби, а почаще прочитывай житие Пимена многоболезненного, вникай и рассуждай о бывшем его болезненном положении, и будешь получать ... утешение, и утверждение, и вразумление. <...>

Средство к очищению

Ты жалуешься на сон и тяжесть головы дома и в церкви. Что делать? И это неудобство надо потерпеть ради Бога, считая всякое такое неудобство средством к очищению душевному, по сказанному от Господа в Евангелии: "в терпении вашем стяжите души ваша".

В случае нужды можно пригласить и врача телесного, с той мыслью, что и он может помочь только при содействии свыше от Врача душ и телес. <...>

Серьезная болезнь вернее обращает к Богу

Слава и благодарение Господу за то, что послал тебе облегчение от серьезной болезни. И сбывается на нас псаломское слово: "наказуя наказа мя Господь, смерти же не предаде мя".

Когда посылается нам серьезная болезнь, то мы посерьезнее и рассуждаем о себе и о наших обстоятельствах и искренне прибегаем в молениях наших ко Врачу душ и телес, к Единому вся ведущему и всемогущему, а вместе всеблагому и премудрому, "Иже хощет всем спастися и в разум истины прийти!"

Матери, скорбящей о болезни дочери

Давно, давно получил от вас письмо, в котором вы писали мне, кроме других обстоятельств, и о болезни дочери вашей С. Но тогда в письме не было выражено великого скорбения об этом.

Теперь же слышу, что вы скорбите сверх меры, видя страдания болящей дочери.

Действительно, по-человечески нельзя не скорбеть матери, видя дочь свою малютку в таких страданиях и страждущую день и ночь. Несмотря на это, вы должны помнить, что вы христианка, верующая в будущую жизнь и будущее блаженное воздаяние не только за труды, но и за страдания произвольные и невольные, и потому не должны нерассудно малодушествовать и скорбеть сверх меры, подобно язычникам или людям неверующим, которые не признают ни будущего вечного блаженства, ни будущего вечного мучения.

Как ни велики невольные страдания дочери вашей, малютки С., но все-таки они не могут сравниться с произвольными страданиями мучеников; если же равняются, то она и равное с ними получит блаженное состояние в райских селениях.

Впрочем, не должно забывать и мудреного настоящего времени, в которое и малые дети получают душевное повреждение от того, что видят, и от того, что слышат; и потому требуется очищение, которое без страданий не бывает; очищение же душевное по большей части бывает через страдания телесные. Положим, что и не было никакого душевного повреждения. Но все-таки должно знать, что райское блаженство никому не даруется без страданий. Посмотрите: и грудные младенцы без болезни ли и страданий переходят в будущую жизнь?

Пишу так, не потому что желал бы я смерти страждущей малютки С.; но... собственно для утешения вас и для правильного вразумления, и действительного убеждения, чтобы вы нерассудно и без меры не скорбели. Как ни любите вы дочь свою, но знайте, что более вас любит ее Всеблагий Господь наш, всяким образом промышляющий о спасении нашем. О любви Своей к каждому из верующих Сам Он свидетельствует в Писании, глаголя: "Аще и жена забудет исчадие свое, Аз же не забуду тебе". Поэтому постарайтесь умерить скорбь вашу о болящей дочери, возвергая печаль эту на Господа: как хочет и благоизволит, так и сотворит с нами по благости Своей.

Советую вам приобщать болящую дочь с предварительной исповедью. Попросите духовника, чтобы поблагоразумнее расспросил ее при исповеди.

Больным вашим дочери и супругу желаю, по воле Божией, оздоровления; а вам и прочим детям — милости Господней и мирного пребывания.

Приготовление к смерти

Я думал немало о вашем положении и нахожу, что теперь особенно в болезненном положении вам не следует презирать того, что на вас полезно повлияло и произвело благое впечатление, слова ли то были слышанные или сновидения в этом роде. У Господа Бога средств много к тому, чтобы благовременно обратить мысль и заботу человека к единому на потребу и преимущественно к сказанному Господом в Евангелии: "будите готови на всякое время, яко не весте ни дне ни часа, в он же Сын Человеческий приидет". Ежели, по слову святого Иоанна Лествичника, мысль о смерти великую пользу приносит христианину; то тем паче приготовление к смерти много может воспользовать душу того, кто с верой и упованием ожидает своего исхода из этой жизни.

Вам кажется, что заботливость о приготовлении к смерти делает вас менее способным ко всему доброму и необходимому. Но это несправедливо. Вам кажется так потому, что вы не вполне уверены в будущей своей участи. Но кто же может быть вполне уверен в этом, когда и совершенные, и угодники Божии, как, например, Арсений Великий и Агафон Великий, не без страха ожидали приближения часа смертного? Преподобномученик Петр Дамаскин говорит, что "спасение христианина обретается между страхом и надеждою, и потому ни в каком случае не должно ни дерзать, ни отчаиваться"...

Но кто из больных не чувствует расслабления душевного и телесного?..

Беседа святого Анастасия Синайского на шестой псалом... очень прилична к настоящему вашему положению... В ней вы найдете много такого, что может вас и успокоить, и укрепить, и вразумить, на что должно обратить преимущественно внимание ваше касательно известного приготовления.

Внешнее же приготовление, как я думаю, должно вам начать с двух главных предметов: написать духовное завещание и принять таинство елеосвящения, по предварительной исповеди и причащении. К чему из двух должно приступить прежде, то все равно — как обстоятельства укажут.

В духовном завещании касательно достояния вашего смотрите на усердие и расположение души вашей; но не делайте распоряжения по одному простому человеческому чувству, а поступайте с рассмотрением, имея в виду и полезное для души вашей.

О соборовании святым елеем также скажу, что его отлагать не должно. Чрез это таинство многим возвращалось и здравие телесное. Главная же польза его состоит в прощении забвенных прегрешений <...>

Будем помнить о часе смертном

Смерть всему конец. К этому концу нам надо сводить все счеты наши и расчеты. В таком случае, то есть если будем помнить во всяком затруднительном положении о конце этого отсчета, то можем избавляться от излишних забот и чрезмерных скорбей, вернее, огорчений душевных. Ежели не будем забывать, что многими скорби подобает нам внити в Царство Небесное и что все хотящие благочестно жити гоними будут, то не будем удивляться, почему мы встречаем интриги человеческие от покорных исконному врагу человечества, еще более — человеческого спасения; также почему подвергаемся болезням и другим неудобствам в жизни. Не напрасно праведный и многострадальный Иов говорит: "не искушение ли есть житие сие человеку".

* * *

Я часто повторяю слова опытных, что надо пользоваться настоящим, и кто настоящим пользуется хорошо, того и последствия бывают отрадны, если не оскудеет вера. Сотворим, сколько можем, помощью Божией, пока есть время; и будущее предоставим всеблагому Промыслу Всесильного Бога, Его же судьбы нам неведомы. Мертвит бо и живит, убожит и богатит. Все Ему возможно, так да будем покорны святой и всеблагой Его воле.

СМЕРТЬ БЛИЗКИХ

Предсмертные страдания

Пишешь, что у тебя не выходят из памяти тяжкие предсмертные страдания сестры, которая, по твоему мнению, жила в мире хорошо. <...>

Преподобный Марк подвижник пишет, что если человек склонен к отрадной жизни, то исход его бывает нелегкий, а тяжкий по причине приклончивости к сластолюбивой жизни ... "сластолюбивое сердце — темницею и узами бывает душе во время исхода; трудолюбивое же сердце дверь есть отверстая".

Как бы ни получить милость Божию: трудно ли, легко ли, лишь бы получить; а легко получают лишь одни смиренные, как свидетельствует Сам Господь в святом Евангелии, глаголя: "научитеся от Мене, яко кроток есмь и смирен сердцем и обрящете покой душам вашим. Иго бо Мое благо и бремя Мое легко есть".

<...> Всячески враг искушает, особенно перед смертью, чтобы нанести какую-либо рану или хоть положить какое-либо пятно, чтобы при исходе их иметь свое знамение к удержанию и препятствию в переходе в будущую блаженную жизнь. <...>

Скорбящим о кончине сына

Слышу о великом горе вашем — о неожиданной кончине сына вашего М. Н. и весьма сожалею о вас. Есть совет святой — приходить в дом плачущих. Но так как я немощен и слаб и не могу вас по этой причине навестить лично, то решился, хотя заочно, побеседовать с вами через письмо, чтобы утолить, сколько возможно, великую печаль вашу.

По немощи человеческой невозможно не скорбеть родителям, которые лишились единственного сына так преждевременно, в таких летах, в таком цветущем возрасте. <...>

Но ведь мы не язычники, которые не имеют никакой надежды касательно будущей жизни, а христиане, имеющие отрадное утешение и за гробом касательно получения будущего блаженства вечного.

Этой отрадной мыслью должно вам умерять скорбь вашу, утолять великую печаль вашу, что вы хотя на время и лишились сына своего, но опять в будущей жизни можете видеть его, можете соединиться с ним так, что никогда уже не будете расставаться с ним. Только должно принять приличные к тому меры: [во-первых], поминать душу М. на бескровной жертве, на чтении псалтири и в домашних ваших молитвах; во-вторых, о душе его творить и посильную милостыню.

Все это полезно будет не только покойному сыну вашему М., но и вам самим. Хотя смерть его нанесла вам великую скорбь и огорчение, но эта скорбь еще более может утвердить вас в христианской жизни, в христианском благотворении, в христианском настроении духа. Что Господь творит с нами, бывает не только благо, но и добро зело.

Правда, все мы желаем получить спасение и наследовать Царствие Небесное; но часто забываем, что "многими скорбми подобает нам внити в Царствие Божие", и потому нередко ищем счастья земного и отрады временной в заботах житейских и в привязанности к мирским вещам. Потому Всеблагий Господь всепремудрым Своим Промыслом и разрешает узел сей, наводя неожиданные лишения и неожиданную скорбь, чтобы мы осмотрелись и обратили душевный взор свой к приобретению благ не временных, а вечных, которые прочны и никогда неизменяемы. И делает это Господь с нами по безмерной любви Своей к человекам, как говорит апостол: "егоже любит Господь, наказует, биет же всякаго сына, егоже приемлет. Аще ли без наказания есте, прелюбодейчищи убо есте, а не сынове".

Велика вам послана скорбь, но утешайте себя тем, что через эту скорбь вы включены в число сынов Божиих, по безмерной любви Божией к вам. Поэтому храните великое достоинство христианское, покоряясь воле Божией не только безропотно, но и с благодарением. Вы хотели только утешаться сыном вашим в этой жизни временно; Господь же устрояет так, чтобы вы утешались им в будущей жизни вечно, в бесконечные веки.

Наконец, вы можете иметь отрадные чувства и в том, что у покойного М. вашего остались дети, которых вы можете воспитывать и утешаться ими, как детьми. Они будут для вас вместе и внуки, и близкие дети.

Всеми мерами старайтесь утолять скорбь вашу, чтобы она не переходила пределов христианских; и Всеблагий Господь явит вам милость Свою и пошлет вам утешение духовное.

Кто знает, каков бы был ваш М., если бы продлилась жизнь его. Теперь же вполне можете быть уверены, что он навсегда останется хорош.

Призывая на вас мир и благословение Божие, остаюсь с искренним благожеланием.

Утешение в смерти дочери

Слышу, княгиня, что вы продолжаете скорбеть о потере любимой вашей дочери. Я как вам много говорил, так и теперь повторяю, что, по немощи человеческой, невозможно, чтобы совсем не скорбеть матери о лишении детей. Но как христианке вам должно умерять скорбь эту христианской надеждой, что дочь ваша получит великую милость у Царя Небесного, в горнем и нескончаемом Его Царствии; так как она восхищена от жизни в самом юном возрасте, не испытав никаких соблазнов мира.

В житии святых Андроника и Афанасии сказано, что никто с таким дерзновением не просит от Господа воздаяния, как дети, говоря так: "Господи, Ты лишил нас благ земных, не лиши небесных". Занимайте, княгиня, почаще ум свой такими размышлениями, и тогда скорбный дух ваш будет получать через это отраду душевную. <...>

P.S. О живых же детях ваших усердно молитесь, чтобы Господь устроил о них полезное и спасительное, ими же весть судьбами.

О молитве за умерших

Пишешь, что враги душевные, через случай брошюрки Афонской горы, так тебя смутили, что ты дня три молиться не могла от смущения и отчаяния, и доселе продолжают несколько смущать по поводу этого случая. А описанное в брошюрке обстоятельство более внушает благонадежие, нежели отчаяние. Я отыскал эту брошюрку у одного брата и читал; сказано там: некто, живший на Афоне, любил ходить по гостям, так что редко заставали его в келье своей, также сказано, что не всегда исполнял он свое келейное правило; перед смертью тяжко проболел целый месяц и под конец ежедневно приобщался Святых Таин; но по смерти своей через два месяца явился во сне одному брату, близкому к нему, невеселый, и сказал, что он находится в темнице.

Видевший объявил это братии. Благоговейные братия усилили свои молитвы о нем, а иеромонахи поминали на литургии.

Опять через два месяца покойник является веселый, и в глазах видевшего перебежал реку по узкой жердочке, и очень скоро взошел на гору, которая простиралась до небес.

Обстоятельством этим явно показывается, как полезно церковное поминовение и частные молитвы покойникам покаявшимся, но не понесшим или не успевшим понести епитимии. Ежели человек согрешил, то, по правосудию Божию, должен понести мучение или томление: покаявшимся — временное, а непокаявшимся — вечное.

Христос Господь при распятии сказал благоразумному разбойнику: "днесь со Мною будеши в раю". Но после слов Христа Спасителя этому разбойнику перебили голени, и он несколько часов мучился, вися на одних руках.

Так и всякий грешник покаявшийся, если не понесет епитимии добровольной в подвиге поста и молитвы, и поклонов, или невольной долговременной болезни, или через другие скорби; то по смерти своей требует поминовения, чтобы избавиться от темницы, как означенный покойник.

Не без причины православная Церковь установила церковное поминовение по усопшим, — чтение Псалтири, милостыню.

Приемлются и частные молитвы. Если бы, по твоему мнению, решила участь покойника одна разрешительная молитва духовника; тогда было бы установленное Церковью поминовение тщетно; а оно приносит великую пользу покойникам покаявшимся, только не приносит пользы непокаявшимся грешникам, или неверующим, или иноверцам и еретикам.

Вперед будь осторожна и осмотрительна при внушениях благовидных помыслов от врагов душевных. Как бы благовидны помыслы эти ни были; но ежели они приносят смущение и отчаяние, то это волки в овчих кожах, — говорит Варсонофий Великий. <...>

О поминовении неправославных в храме

Во все времена при служении в православной Церкви всегда поминались об упокоении души усопших только православных христиан; потому в постановлениях церковных и не пишется о непоминовении иноверцев, ибо нигде их не поминали. <...>

<...> Заповедь самого Господа в Евангелии: "Аще же Церковь преслушает, буди тебе яко язычник и мытарь" (Мф.18,17). Этими словами с тем вместе определяется ясно забота и попечение православных в отношении иноверцев, кто бы они ни были.

Но по закону любви Церковь наша молится о соединении церквей, т. е. об обращении иноверных еще при их жизни с той мыслью, чтобы Господь, имиже весть судьбами обратил их к свету истины и привел на путь спасения. Если обратятся, то добро и благо; когда же при жизни своей не обратятся по недоведомым нам судьбам Божиим, то по смерти... Церковь уже не может их поминать, так как они не имели общения с ней при своей жизни.

Достойно замечания, что когда кого-либо из православной царской фамилии выдают в замужество за иноверца, то супруг этот только при жизни его поминается на ектениях, и притом безымянно; по смерти же не поминается. А для царских родственников могла бы Церковь сделать снисхождение, если бы это возможно было.

О самоубийце молятся только дома

Еще пишешь о несчастной кончине брата одной из ваших послушниц и спрашиваешь, можно ли его поминать.

По церковным правилам поминать его в церкви не следует; а сестра и родные его могут келейно о нем молиться, как старец Леонид разрешил Павлу Тамбовцеву молиться о родителе его. <...>

Нам известны многие примеры, что молитва, переданная старцем Леонидом, успокаивала и утешала, и оказывалась действительной перед Господом.

О ДОБРОДЕТЕЛЬНОЙ ЖИЗНИ

Во всем полагайся на Бога

Не беспокойся много об устройстве своей судьбы. Имей только неуклонное желание спасения и, предоставив Богу, жди Его помощи, пока не придет время. <...>

* * *

За неудачную судьбу выданной тобою девицы не вини ни себя, ни меня, ни кого-либо другого; потому что судьба каждого человека зависит от Бога, сообразно душевному настроению всякого.

Жалуешься на холодность и неохоту к выполнению своих христианских обязанностей. Помни Евангельское слово, что "нудится Царствие Небесное и нуждницы восхищают оное", и понуждайся по силе и возможности.

* * *

<...> нет худа без добра... Господь устрояет нашу душевную пользу часто и через неприятные обстоятельства... Господь все видит, и все знает, и всеми управляет по Своему мановению и Своей всесильной воле.

Должно это всегда помнить и всячески остерегаться, чтобы не прогневлять Его благости и самое Его наказание считать для нас великим благодеянием в отношении пользы душевной и вечного нашего спасения.

Блага здешние кратковременны, и никто богатства земного не переносит с собою в будущую жизнь, разве только кто разумно употребит его на милостыню и благотворения. <...>

* * *

...У вас теперь хорошо, и все скорби миновали. Очень рад этому. Только вы боитесь чего-то в будущем. Если настоящее хорошо, то и будущее будет хорошо. Не вотще глаголет Господь во святом Евангелии, ободряя нас: "не бойся малое стадо, яко благоволи Отец ваш небесный дати вам царство". Поэтому утвердим себя верой и упованием, что силен Господь устроить о нас все благое и полезное.

Если же и придется иногда потерпеть что-либо скорбное и болезненное, в то время повторяем себе слова святого Ефрема: "боли болезнь болезненно, да мимотечеши суетных болезней болезни". И святой апостол пишет: "страдания нынешнего времени тяготу вечныя славы нам ходатайствуют".

По этой причине святой Иаков, брат Божий, советует нам радоваться в находящих скорбях и печалях, чтобы и на нас исполнилось псаломское слово: "радуйтеся праведнии о Господе". <...>

* * *

<...> Есть мудрое старинное слово опытных людей: "не живи как хочешь, а живи, как Бог приведет". Господь лучше нашего знает, что нам полезнее и что можем вместить, и чего не можем вместить. <...>

Не унывай

Не унывай, а на Бога уповай. Силен Господь помиловать и нас, неисправных, как помиловал мытаря, столько повинного, что и очей не смел он возвести на небо, а поникши долу, взывал: "Боже, милостив буди мне грешному".

Поникши долу не взором только, но и смиренной и самоуничиженной мыслью, да взываем часто: "Боже, милостив буди нам грешным". И, переходя к молитве Иисусовой, да повторяем ее как можно чаще: "Господи Иисусе Христе Сыне Божий помилуй нас".

Произносить "помилуй нас" прилично тогда, когда при молитве вспоминаются другие лица, по причине духовной любви или по причине бывшей когда-либо неприятности. Такая молитва может водворять в душе нашей мир и успокоение <...>

Терпи и смиряйся

В мудреном твоем положении и мудреной твоей обстановке мудрено тебе сказать что-либо определенное к твоему успокоению. Знаю, что тебе давно тягостно обычное твое занятие; но что же делать, когда нет возможности изменить его на лучшее...

Если же переменить только место, то не только выгоды не обещается, но как бы еще и не прогадать. Тут одно неудобство, а в другом месте могут случиться неудобства многие, которые будут препятствовать твоему внутреннему настроению духа.

Один тебе совет... достать где-нибудь четвертый том Ефрема Сирина в русском переводе... 139-е слово о смирении и гордости; и даже советовал бы слово это списать и иметь его для руководства и успокоения в скорбных случаях; а близко подходящие к вашему положению места подчеркнуть, чтобы в случае нужды скорее находить потребное.

Что делать? Потерпи; может быть, откроется тебе откуда-либо клад, тогда можно будет подумать о жизни на другой лад; а пока вооружайся терпением и смирением, и трудолюбием, и самоукорением.

Ты говоришь, что делаешь все с понуждением. Но в Евангелии понуждение не только не отвергается, но и одобряется. Значит, не должно унывать, а должно на Бога уповать, Который силен привести все к полезному концу.

Мир тебе. <...>

* * *

<...> Пишешь о неожиданном столкновении с сестрой... в Писании сказано: "и ближнии отдалече мене сташа". Да и без Писания опыт показывает, что оскорбленное самолюбие и самих близких далеко друг от друга поставляет.

Что делать? У всех нас немощь одна — желание быть всегда правыми; и желание этой правости и другим досаждает, и людей делает виноватыми пред судом Божиим; потому что, как говорит святой Исаак Сирин, самооправдание в законе евангельском... не допущено; а сказано прямо и ясно: "аще кто тя ударит в десную ланиту, обрати ему и другую".

Основываясь на евангельском законе, все святые и духоносные отцы единогласно утверждают, что на всякое искушение победа — смирение с терпением.

Смиримся и понудимся потерпеть и мы, и обрящем покой

душам нашим, по наставлению Самого Господа, глаголющего: "научитеся от Мене, яко кроток есмь и смирен сердцем и обрящете покой душам вашим". К тому же помяни слова блаженной памяти О. Иг. А., им некогда тебе сказанные:

"Пока мы находимся на земле, нигде без скорби пребыть не можем; хотя бы залезли на облака, и там от скорбей не уйдем, по свидетельству Самого Господа: "в мире скорбни будете. Но дерзайте, рек Господь: Аз победих мир".

Слова эти показывают, чтобы мы не отчаивались в скорбях, но надеялись на помощь Божию, которую всегда и должны призывать, или вернее сказать, испрашивать от Господа.

Придержись также совета Варсонофия Великого: "аще смиришися и оставиши волю свою созади, то на всяком месте обрящеши покой".

Скорбные искушения понуждайся переносить по возможности благодушнее... призывая Божию помощь...

* * *

<...> Приветствую также <...> С. Смиривыйся до рабия зрака Сын Божий да поможет ему не только хорошо учиться, но и хорошо смиряться. Если же только хорошо учиться, да и при этом нерассудно гордиться, — дело никуда не годится. Одно хорошее учение без смирения, точно на одной ноге хождение. Хотя хромые ходят и на одной ноге с помощью костыля, да такое уж и хождение; мало того, что с большой нуждой ходят, но часто и претыкаются, и восприемлют нередко болезненны язвы.

Кто желает быть всегда мирен и спокоен душой, тот всячески должен смиряться. Без смиренья невозможно иметь успокоенья.

* * *

Мужайся и да крепится сердце твое. Если решились мы для спасения души своей идти путем благочестия, то да не забываем апостольских слов: "вси, хотящии благочестно жити, гоними будут", если не по-древнему — различными муками, то по-новому — различным поношением. Но чтобы мы в этом не малодушествовали, Сам Господь подкрепляет и утешает нас, глаголя во Евангелии: "блажени будете, егда поносят вам и рекут всяк зол глагол на вы, лжуще Мене ради. Радуйтеся и взыграйте, яко мзда ваша многа на небеси".

Если же еще по немощи нашей не можем при поношении радоваться, то, по крайней мере, да не скорбим сверх меры. Если же от слабости нервов не можем побороть и одолеть скорбных и оскорбляющих мыслей, то всячески да соблюдаем себя от ропота. Когда же и до этого доходило дело, то да познаем немощь нашу и да смирим себя пред Богом и людьми и покаемся. Познание своей немощи и смирение тверже всякой иной добродетели.

<...> Зная и памятуя это, и мы да подклоняем или преклоняем выю нашу, когда возлагается на нас тягота скорбных обстоятельств или поношения, или какого стеснения, имея надежду, что впоследствии выйдет что-либо полезное для тех, о ком поручено нам заботиться в духовном и внешнем отношении. Дивны дела Господни и неисследимы пути Его. <...> Да веруем и да надеемся мы, что за понесенные скорби силен Господь утешить и нас, каждого в свое время и по устроению каждого. <...>

<...> не беспокойся... и не сомневайся; а возлагай надежду на всеблагий Промысл Божий, веруя, что силен Господь привести все к благому и полезному концу. <...>

Когда пройдут неприятное время и неприятные неудобства, человек не помнит этих неприятностей. Впрочем, вся жизнь человека, где бы он ни жил, есть ничто иное, как искушение.

Посмотри на твои обстоятельства и на обстоятельства окружающих тебя, и тогда это тебе ясно откроется.

Всем, желающим спастись, коротко сказано: "в терпении вашем стяжите души ваши". А мало ли скорбей переносят и те, которые не ищут спасения, и едва ли не более первых?

Умудряйся во спасение!

* * *

Мир тебе и Божие благословение и всякое утверждение в правоте и истине.

<...> Святые богомудрые и богодуховенные отцы глаголют: "И самые бесстрастные не могут не скорбеть, если не за себя, то за других". Мир душевный имей, а терпеть — терпи, и за себя и за других. Терпение, по слову святого Григория Синаита, и в буре тишина. <...>

Здесь на земле труды и подвиги, а там, в будущей жизни, — воздаяние, где каждый примет свою мзду по своему труду, подъятому и ради спасения своей души, и ради душевной пользы ближних. Блажен, кто там с дерзновением может рещи: "се аз и дети, яже дал ми есть Бог".

Помолись о мне грешном, да не сбудется на мне апостольское слово: "научаяй инаго, себе ли не учиши". <...>

* * *

<...> Нет выше дарования, как дарование смирения, как и Сам Господь говорит: "смиряяй себе вознесется". Этого дарования ищи, к этому дарованию стремись.

После смирения второе дарование — очищение от страстей, особенно от главных: от славолюбия, от сугубого сластолюбия и тонкого любоимания; потому что за очищением души от страстей, милостью Божией последует воскресение ее и соединение с Господом, если только душа, оставив всех и все, прилепится всем сердцем и всей любовью к Единому Господу.

Но испытав любовь эту, Иоанн Богослов ясно показывает главный ущерб любви и недостаток ее, об исправлении которого всячески должно заботиться. Он говорит... "Аще кто речет, яко люблю Бога, а брата своего ненавидит, ложь есть" (1 Ин. 4, 20).

Хотя тут выставлен самый грубый недостаток любви, но желающим приблизиться к Богу должно заботиться искоренять в себе и самое малое нерасположение к ближнему, ради чего и дана нам заповедь [через апостола Павла]: "благословлять гонящия ны". И прибавил апостол: "благословите, а не клените". И, наконец, заключил: "аще возможно, еже от вас, со всеми человеки мир имейте, ни единому же зла за зло воздающе" (Рим. 12, 14, 17-19).

Чтобы достигнуть тебе такого настроения духа, молись почаще о главном лице, с которым ты благодушно не можешь встретиться, и оно от тебя убегает. Попущением Божиим это искушение обеим вам к испытанию, к познанию своей немощи и к смирению. <...>

* * *

<...> У всех святых отцов единогласный ответ и совет в подобных случаях: во всяком искушении победа — смирение, самоукорение и терпение, разумеется, при испрашивании помощи свыше.

Молись об этом и Царице Небесной и всем угодникам Божиим, к каким ты имеешь особенную веру, чтобы помогли тебе избавиться от прелести бесовской.

* * *

<...> Много не заботься о пустяках и не сбивайся с пути к Царствию Небесному, особенно нерассудной завистью.

Ступени к смирению

В прошлый раз, поздравляя тебя со днем твоего рождения, помнится, желал тебе духовного возрождения. Теперь же, поздравляя тебя с ним, сердечно желаю тебе духовного восхождения приличными и законными степенями, от них же первая и самая главная есть познание глубокой нашей немощи душевной и телесной. Вторая законная степень есть самоукорение, то есть во всяком неприятном и прискорбном случае обвинение себя, а не других. Третья степень — благодарное терпение встречающихся и постигающих нас скорбных искушений.

От этих трех степеней рождается четвертая — начало смирения, [только при условии] если первые три были растворяемы верой и молитвенным расположением и обращением ко Господу, по предписанным правилам Церкви православной и наставлениям святых отцов, которые опытом прошли духовную жизнь и показали нам стези спасения.

Впрочем, скажу проще, — когда по ступеням, когда просто, по ровному или неровному пространству, а всегда надо стараться ходить во смирении, согласно заповедям Господним.

Господи, помози нам! Господи, укрепи немощь нашу и отврати очи наши от суеты и всего неполезного.

Иди по пути спасения

Напишу искреннее благожелание идти кратчайшим путем христианским, им же разумные достигают лицезрения Христова, а неразумные, презирая оный, лишаются сего. Святой апостол Павел в Послании к Евреям пишет: "мир имейте и святыню со всеми, без них же никто же узрит Господа".

А как достигается не только мир, но и исполняется закон Христов, тот же апостол указывает краткую стезю... "друг друга тяготы носите и тако исполните закон Христов".

* * *

<...> Надолго не следует задумывать и заботиться о внешнем; а... должно позаботиться всячески, чтобы из самоугодия не мешать спасению ближнего, и миру его душевному, и успеху духовному...

Долг христианский — содействовать спасению ближнего, а не препятствовать. Не должно забывать о юродивых девах и того, за какие страсти они лишились чертога небесного.

<...> Молись пока, как можешь и как умеешь, ожидая конца от Промысла Божия. Веруй, что силен Господь помиловать тебя. Он пришел не праведники спасти, но грешники призвать на покаяние, как Сам объявил в Евангелии, прибавив, что радость бывает на небеси о едином грешнике кающемся.

Страх, бывающий при молитве, считай искушением от врага, который старается отвратить от молитвы всякого желающего молиться. Приступая к молитве, ограждай себя крестным знамением, и продолжай молиться, и по времени милостью Божией избавишься от этого искушения, если поменьше будешь гневаться на других и удерживать себя от осуждения.

Вкратце сказано: "многими скорбми подобает нам внити в Царствие Небесное". Помни это и старайся терпеть все находящее неприятное и скорбное, — прощай разумеющему и не разумеющему, по слову Господню: "оставите, и оставится вам". Вот что значит умудряться во спасение.

* * *

<...> Милость и снисхождение к ближним и прощение их недостатков есть кратчайший путь ко спасению.

Сказано во святом Евангелии: "не судите, и не судят вам! не осуждайте, да не осуждени будете; отпущайте, и отпустят вам!" (Лк. 6, 37); "милости хощу, а не жертвы" (Мф. 9, 13). И еще: "милуяй, помилован будет" (Прит. 17, 5).

Древние христиане по великой ревности духовной много подвизались в посте и во всенощных бдениях и упражнялись в продолжительном псалмопении и молитвах.

Мы же в настоящее время, по слабости нашей и нерадению, чужды этих добродетелей. По крайней мере, позаботимся об исполнении самого необходимого, что заповедует нам апостол, глаголя: "друг друга тяготы носите, и тако исполните закон Христов" (Гал. 6, 2).

Но исполнение этой заповеди и совершение этой добродетели невозможно без смирения и терпения, потому что смирение подает крепость во всякой добродетели, а без терпения не совершается никакое доброе дело.

По свидетельству преподобных Каллиста и Игнатия, любовь и милость, и смирение отличаются одними только наименованиями, а силу и действие имеют одинаковые. Любовь и милость не могут быть без смирения, а смирение не может быть без милости и любви.

Добродетели сии суть непобедимые оружия на диавола, на которые он и все множество бесов даже взирать не могут. Вооружим себя этой троицей добродетелей, да приблизимся к Богу, и получим милость вечную от воскресшего Господа, Ему же подобает слава и держава, честь и поклонение со безначальным Его Отцем и с Пресвятым Духом во веки веков. Аминь.

Господь взирает на намерения

Господь взирает не на наружные наши действия, а на намерения наши, почему так или иначе поступаем, и если намерение — благое... то и можно быть покойным.

Потому и других не должно судить ни в каком случае: мы видим только внешние поступки; а сокровенные побуждения и намерения, по которым эти поступки будут судиться, ведомы Единому Сердцеведцу Богу.

Мир тебе! Мужайся о Господе! <...>

* * *

<...> Всякий из вас да исполняет дело свое с благим намерением и с христианским расположением да поступает относительно слов и действий.

Люди смотрят на видимое, Господь же взирает на внутреннее расположение человека и действие по совести, как в отношении других, так в отношении самого себя.

Когда не можем приносить пользы другим по каким-либо причинам, то позаботимся о пользе хотя своей собственной душевной, по тем указаниям, какие читаем в книге Аввы Дорофея. <...>

О любви христианской

Приближается 27 июля (9 августа по новому стилю), память святого великомученика Пантелеимона. Помни, что Пантелеимон значит всемилующий, и сколь возможно направляйся к тому, чтобы держаться любви, которая, по словам святого апостола Павла, "милосердствует, долготерпит, не завидит, не превозносится, не гордится, не бесчинствует, не ищет своих си, не раздражается, не мыслит зла, не радуется о неправде, радуется же о истине, вся любит, всему веру емлет, вся уповает, вся терпит".

О, если бы Всеблагий Господь помог всем нам, за молитвы святого великомученика Пантелеимона, стяжать эту добродетель, которая, по словам того же апостола, больше всех других добродетелей... и без которой человек — яко медь звенящи или кимвал звяцаяй!

* * *

<...> Ты с нею увиделась с радостными чувствами... это потому, что ты против нее не совсем права была и теперь рада случаю, чтобы загладить свою вину: в духовной жизни вещь весьма хорошая — вовремя благоразумно объясниться, вовремя попросить прощения, чтобы и свою душу умиротворить и другим подать повод к тому же.

Не вотще сказано в псалмах: "взыщи мира и пожени и".

* * *

...Весьма кстати и вовремя N пожелал узнать свойства той любви, без которой ни раздание всего имения, ни предание тела на сожжение недействительны. Свойства эти изъясняет... апостол... говоря: "любы не превозносится, не гордится, не бесчинствует, не ищет своих си, не раздражается, не мыслит зла (то есть не помнит зла), не радуется о неправде, радуется же о истине: вся любит (то есть все покрывает), всему веру емлет, вся уповает (то есть всегда надеется на все лучшее), вся терпит. Любы николи же отпадает (от Бога и от людей в самых трудных обстоятельствах)".

Блажен, кто стяжал такую любовь; а мы, немощные, хотя да стремимся к стяжанию свойств и качеств ее самоукорением, смирением и покаянием. Необходимые эти добродетели притупляют горесть и горечь стеснительных обстоятельств, подавая облегчение и соразмерную отраду душе страждущей и, по силе, смиряющейся и кающейся с самоукорением, которое состоит в том, чтобы всегда причиной скорбей и огорчений и стеснительных обстоятельств поставлять грехи свои и гордость.

Видимой гордости в нас как будто незаметно, но обнаружение тонкого самолюбия и честолюбия нередко проявляется в негодовании, раздражительности, в ревности не по разуму, а иногда в некоем завидовании удачам других. Самолюбие и честолюбие, хотя и тонкие, много препятствуют стяжанию той любви, о которой сказано выше. Не зря изрек святой Давид: "виждь смирение мое и труд мой и остави вся гриех моя".

Первая степень к достижению истинной любви есть искание прощения грехов правильными средствами. А преподобный Лествичник еще смиреннее говорит: "аще и на всю лествицу добродетелей взыдеши, о оставлении согрешений молися".

Духовное рассуждение

Слава и благодарение Господу, что всесильного ради ходатайства и молитвенного предстательства Владычицы нашей Пресвятой Девы Богородицы мрачные твои помыслы хотя несколько прояснились. Хотя желание о переходе в Арзамас не оставляет тебя, но иногда мысль тебе противоречит и тайное внушение в сердце говорит, что это намерение и желание пустое.

Сама пишешь, что внушение очень тихо и покойно; а напротив, когда разгорится в тебе желание удалиться..., то чувствуешь ожесточение, мрак, памятозлобие и ненависть к ближним и леность к молитве. Проразумевай же из этого, что желание это с шуией стороны и есть внушение врагов и ненавистников рода человеческого, ищущих вечной нашей погибели.

Святой Григорий Синаит пишет: "много требуется рассуждения, чтобы познать различие доброго и злого... Явлены суть действия благодати, которых бес, хотя и преобразуется, подать не может: ни кротости, ни тихости, ни смирения, ни ненавидения мира, ни сласти и страсти утоляет, — это суть действия благодати. Действие же бесовское есть дмение, и высокомудрие, и страхование и всякое зло".

Отчасти ты ... испытала это собственным опытом, потому будь осторожна и рассудительна: доброе удерживай, а лукавое отметай.

...Пишешь, что иногда находит на тебя какая-то мучительная, необузданная, растрепанная, свирепая радость диавольская, которая тебя ужасно утомляет, и что всякая скорбь душевная отраднее этой безобразной радости. Сама теперь видишь, что эта радость с противной стороны; но вместе знай, что эта растрепанная радость находит не без причины, а видно, было когда-нибудь, что ты по неопытности и неосторожности принимала обманчивую и прелестную радость за настоящую. <...>

Благоразумное молчание

Скорбишь о своем излишнем глаголании и ревнуешь о благоразумном молчании; а с компаньонкой и поневоле должна будешь лишнее говорить <...>

Впрочем, у нас на скотном дворе умер столетний старец Пахомий, который и среди множества людей умел сохранять глубокое молчание. Случалось, что некоторые станут приставать к нему с разными вопросами, он встанет и пропоет им: "Ангел вопияше благодатней", и опять сядет молча, почесывая в голове, или роясь в своей сумке, как будто что-то отыскивает. Если, бывало, кому что-либо скажет, то помни и не забывай. На многих сбывались слова его. <...>

Безмолвие в миру

Безмолвие в числе семи деланий у Петра Дамаскина в Добротолюбии, и сказанное в 254-м ответе Варсонофия Великого, чтобы не обращаться свободно с другими, для вас, живущих в мире и семейных, имеет одинаковый смысл и значение.

Безмолвие в этом делании названо и беспопечительностью, чтобы не заботиться по человеческим расчетам о чем-либо, а во всем касательно себя и семейства возлагаться на Промысл Божий, делая только возможное по силе своей.

Свободно же не обращаться с другими — в славянском переводе читается: "иметь бездерзновенность", то есть не мешаться в чужие дела, избегать знакомств и связей без надобности, также неуместных толков и пересудов; говорить кратко и по нужде, и только на вопрос; но скажу, что делание это неудобоисполнимо не только для вас, но и для нас. Потому-то блаженный старец наш (о. Макарий) и сам держался пути самоукорения и познания своей немощи, и других тому же научал, так как без смирения и исправные делатели не оправдаются.

Нужно жить настоящим

<...> Не ты одна сожалеешь и раскаиваешься в ошибках прошлого времени, которого воротить уже невозможно, но и многие.

Всем, кто желает сколько-нибудь поправить старое, следует оставить неуместное желание и позаботиться и постараться о том, чтобы уметь пользоваться настоящим временем и употреблять его, как следует, ища помилования от Господа.

Каждый сам отвечает за свои грехи

Все оставим на суд Божий и предадим забвению, заботясь только о своем спасении; так поступая, можем обрести и мир душевный, оставляя свои претензии на других. Если они не так действуют, то они за свои действия будут отвечать. Мы же позаботимся о себе...

* * *

Господь да простит тебе прошедшее и да утвердит в будущем — более смотреть свои немощи и свою неисправность и не заботиться о внешнем поведении других.

Каждый сам о себе отдаст ответ Богу. Больному как телом, так равно и душой, нерассудно ревновать о других.

* * *

<...> Нередко приходит на мысль апостольский упрек: "научаяй инаго, себе ли не учиши". Также и слова Саровского старца Серафима: "других учить легко, как камни с колокольни бросать; и это учение самим делом исполнить тяжело, как камни эти на колокольню таскать". <...>

Почему не все желания исполняются

Благие желания не всегда исполняются. Знайте, что Господь исполняет не все благие желания наши, а только те, которые служат к душевной нашей пользе.

Если мы, при воспитании детей, разбираем, какое преподавание какому возрасту прилично; тем более, Господь сердцеведец весть, — что и в какое время бывает нам полезно. Есть духовный возраст, который считается не по летам, и не по бородам, и не по морщинам <...>

Чаще читай псалмы

Заучивай псалмы эти и читай их почаще: 1) "Живый в помощи Вышняго"; 2) "Терпя потерпех Господа и внят ми и услыша молитву мою"; 3) "Боже, в помощь мою вонми".

Читай их, научайся предаваться Промыслу Божию и обучайся терпению встречающегося.

Выполняй обещанное

Ты, по какому-то обстоятельству, дала обещание ежедневно читать акафист великомученице Варваре; а теперь при чтении других акафистов не имеешь времени для этого. По крайней мере, читай ежедневно хоть по три икоса и кондака <...>

Ежели этого не можешь исполнить исправно, тогда на каждой исповеди объявляй духовнику о своем обещании и неисправности <...>

Обращение к наставнику

Неправильно вам советовали, чтобы наставнику писать под влиянием чувства действующего; иное дело с другими людьми, а наставнику должно описывать действия обсужденные, особенно ошибки свои, или действия гнева, или вообще движения ветхого человека и оскорбления самолюбия.

Знайте, что характеры имеют значение только на суде человеческом, и потому или похваляются, или порицаются; но на суде Божием характеры, как природные свойства, ни одобряются, ни порицаются.

Господь взирает на благое намерение и понуждение к добру и ценит сопротивление страстям, хотя бы человек иногда от немощи и побеждался чем... Прочтите в "Лествице" с[лово] 26 отд[ел] 28 и в книге Аввы Дорофея поуч[ение] 10.

Когда вы пишете мне о каких-либо немощах своих душевных, то после кажется вам, что это производит во мне отвращение! Напротив, я всегда ублажаю тех людей, которые искренне исповедуют свои ошибки и явно открывают свои немощи и недостатки.

Сильно не упрекайте себя и за холодность, особенно этим не смущайтесь, во-первых, вы человек и, естественно, подлежите изменению в устроении душевном, во-вторых, попускается это и промыслительно, чтобы вы не осуждали других за холодность и равнодушие в подобных случаях.

Начинающим новую жизнь

Желающим не вотще, а с пользой душевной совершать правильце новоначальных, нужно и должно прежде всего знать и содержать всегда в памяти следующее.

Господь говорит в Евангелии: "Не всяк глаголяй Ми Господи, Господи, внидет в Царствие Небесное, но творяй волю Отца Моего". Воля же Божия есть исполнение заповедей Божиих; заповеди же Божии суть: не гневаться всуе на ближнего, не судить и не осуждать.

А иначе жизнь наша, какая бы она благочестивая ни была, будет лишь одно лицемерие и фарисейство, по свидетельству Самого Господа, глаголющего: "Лицемере! изми первее бревно из очесе твоего", то есть прежде позаботься о своих грехах, и о своих страстях, и о своих недостатках душевных, и постарайся прежде уврачевать свои немощи душевные; и тогда из собственного опыта научишься, какое нужно иметь сострадание в отношении душевных недостатков ближнего твоего, наругаемого от общих врагов душевных, которые так много поругались и над тобой и доселе еще ухищряются нагло тебя обольщать и обманывать.

Еще заповеди: любить врагов и молиться за творящих нам напасть; особенно же молиться нужно в то время, когда против кого-либо стужают (досаждают) нам помыслы гнева или памятозлобия, как научает нас святой Авва Дорофей: "Господи! Помози рабу Твоему или рабе Твоей (имя) и за молитвы его или ея мне окаянному".

Опыт покажет, как сильна краткая эта молитва, если человек не оправдывается. Молиться же за тех, кого мы подозреваем в дурной жизни, — для новоначальных есть явное обольщение.

Также заповедь: аще кто ударит тя в десную твою ланиту, то есть если кто оскорбит тебя или будет порицать за то, в чем ты совершенно не виноват, или в таком случае, где ты старался сделать какое-либо доброе дело ради Бога, — тогда обрати ему и другую ланиту: то есть укори себя, говоря, что достойно тебе попущено это за то, что ты многократно оскорблял и прогневлял грехами твоими Всеблагого и Премилосердого Бога; и потому прими благодарно, хотя терпкое, но действительное врачевство душевное, посланное Промыслом Божиим к очищению твоих грехов и страстей, и особенно к исцелению души твоей от тонкого и многообразного тщеславия, которое делает тщетным всякое доброе дело.

Кроме того, хотящим жить благочестиво нужно воздержание не только в пище и питии, но и воздержание очей, и слуха, и языка, и от неуместного знакомства и обращения...

О взаимном мире

В настоящее время еще более потребны вера и упование и прошение милости и покрова Божия. Силен Господь покрыть и защитить понуждающихся жить по заповедям Его святым, если о взаимном мире... радеем.

И плод правды сеется в мире, и отрада в жизни обретается взаимным миром, и всякий благой успех достигается миром по Бозе, а не человекоугодием по духу мира; разумное же снисхождение и искусство христианское потребны в делах общих и частных.

Самоукорение

Ради самоукорения не должно приискивать случаев, в которых невиновны, тем более, когда это не успокаивает нас, а лишь в большее приводит смущение.

Причина явная и готовая к самоукорению — грехи наши и гордость, если тотчас не открываются другие причины; притом надобно помышлять, что в каждом деле и поступке недостаточно одной благонамеренности, а потребны благоразумное искусство и основательное обсуждение дела. Вот тут-то много поводов и найдется к самоукорению и смирению, а не к смущению, которым обнаруживается тайная гордость.

Смирение всегда сознает себя скудным искусства и уменья поступать как должно; впрочем, всегда успокаивает себя сознанием своей худости и благонамеренностью, которой прежде всего ищет Бог от человека. Смирение заботится о возможном совершении и достижении своих целей, особенно в делах внешних, и чуждо неуместной настойчивости...

Объяснять кому следует свое душевное устроение весьма полезно и доставляет внутреннее облегчение; но нужно войти во вкус этого собственным опытом, при доверии и оставлении собственных разумений.

Не должно думать, чтобы мы могли сделать кого-либо несчастным или благополучным. Это принадлежит только Богу и собственной воле человека, если благоразумен пребывает перед Сотворившим его.

* * *

Вы спрашиваете, чем себя умерять в своих действиях?

Смирением, самоукорением, покаянием и страхом Божиим, памятуя всегда слово псаломское, что бы уклоняться прежде всего от зла, а потом уже стараться творить благо. <...>

Покаяние

Если бы Господь, по милосердию Своему, не даровал нам таинства покаяния, врачующего многие немощи наши, то куда бы деваться нам, неисправным, присно готовым нарушать обеты святого крещения?!

Главная сила покаяния состоит в смирении, которое, как и всякая добродетель, имеет свои степени.

Блажен, кто обретается хоть на какой-нибудь из степеней треблаженного смирения, которое во всяком неприятном и скорбном случае более себя винит, что оно не умело поступить, как бы следовало, а потому и пребывает всегда более спокойно.

Мнимая же правость наполняет душу смущением, весьма вредным на пути благочестия.

Благотворительность

Мы имели указание от покойного отца нашего (Макария) на слова Петра Дамаскина, что спасение человека совершается между страхом и надеждой, чтобы не отчаиваться и бесполезно не надеяться (3 ч[асть] Добротолюбия о семи деланиях).

Обе эти крайности душевредны и опасны. Господь через притчу о мытаре и фарисее ясно показал, как и повинные, и слабые грешники могут получать через смиренное покаяние не только спасение, но и оправдание, и как человек, по-видимому безгрешный и с различными видимыми добродетелями, может быть отвержен Богом за горделивый образ мыслей.

...Если апостол Иаков говорит о делах, что вера без дел мертва есть, но говорит об этом не просто, а указывает на жестокосердие и немилосердие того, кто имеет возможность благотворить ближнему и не благотворит ему в нужде, говоря так: "аще брат или сестра наги будут и лишены дневные пищи, но речет им могущий благотворить: идите с миром, то какая польза?"

А апостол Павел еще яснее говорит, что не должно много надеяться на видимое благотворение, а более заботиться о стяжании милосердия... и любви к ближнему: "аще раздам вся имения и предам тело мое во еже сожещи, любве же не имам ни кая ми есть польза".

Варсонофий Великий говорит, что если кто-либо, имея на собственную потребу, скажет просящему: "не имею", не солжет, потому что не имеет действительно к раздаянию. Также и в Ветхозаветном Писании сказано: "благотвори требующему елико рука твоя может".

Вообще под христианскими делами разумеется исполнение животворных заповедей Божиих, которыми исправляется сердце человека, а не просто нагие видимые дела.

При оскудении же делания заповедей приемлется смирение, растворенное покаянием, и наоборот, как показано у Исаака Сирина (с[лово] 34).

ИСПЫТАНИЯ И ИСКУШЕНИЯ

Смысл скорбей

Всегда люди жаловались на различные скорби, и напасти, и болезни... все почти жалуются и на тяжелые обстоятельства. И удивляться этому не должно.

Настоящая жизнь есть ничто иное как приготовление к жизни будущей. Как кто проведет настоящую жизнь, сообразно тому получит участь в жизни будущей — или блаженную, или злополучную.

Все христиане, особенно правоверующие, желают наследовать блаженную участь в жизни будущей. А для получения этого неизбежно понести различные скорби и болезни, по сказанному в слове Божием: "многими скорбми подобает нам внити в Царствие Небесное".

Люди разделяются на праведных и грешных, но ни те, ни другие не свободны от различных скорбей или болезней, как сказано в псалмах: "многи скорби праведным; многи раны грешному".

Святой Давид первых увещевает не малодушествовать, уверяя, что от всех скорбей Господь избавит их, а вторых, то есть грешных, — увещевает не отчаиваться... если грешный с верой и упованием в покаянии будет прибегать к Господу, то получит помилование и прощение согрешений.

Всеблагий Господь праведным посылает различные скорби, во-первых, для того, чтобы не ослабевали в подвигах благочестия и, разленившись, не уклонились в противную сторону и не погибли <...> Во-вторых, праведным Господь посылает различные скорби для того, чтобы через это они совершенно очистились от грехов и страстей и получили велие воздаяние в будущем веке, по сказанному: "яко злато в горниле искуси их, и яко всеплодие жертвенное прият я".

На грешных же наводит Господь различные напасти и болезни, чтобы привлечь их к покаянию, как Сам говорит во святом Евангелии: "приидох призвати не праведныя, но грешныя на покаяние"; и паки: "покайтеся, приближибося Царство Небесное"; и чрез пророка Исаию глаголет: "отъимите лукавства от душ ваших..., приидите и истяжимся.... И аще будут греси ваши яко багряное, яко снег убелю! аще же будут яко червленое, яко волну убелю" (Ис. 1, 16, 18).

Всем вообще говорит Господь, и праведным, и грешным: "приидите ко Мне вси труждающиися и обремененнии, и Аз упокою вы, возмите иго Мое на себе, и научитеся от Мене, яко кроток есмь и смирен сердцем, и обрящете покой душам вашим"; и паки: "в терпении вашем стяжите души ваша. Претерпевый бо до конца, той спасен будет". <...>

* * *

Укрепляйте себя верой и надеждой на милосердие Божие. Сотворивый такой мир силен поправить и ваши дела.

Кто похвалится не жалеть об ошибках прошедшего времени? Но за эти ошибки мы же терпим скорби временные, чтобы избавиться от скорбей вечных, как устраивает о нас промышляющий Господь, наводя различные... искушения к очищению нашему и к обучению духовному, чтобы возбудить в нас веру опытную и живую, и упование непостыдное, как свидетельствует апостол Павел, говоря: "скорбь соделовает терпение, терпение же упование; упование же не посрамит".

Поэтому презирайте злые внушения врага, который по слову апостола Петра "яко лев рыкая ходит, иский кого поглотити" или грехом, или безмерной скорбью и отчаянием.

Но силен Господь... защитить вас от нападений вражиих, равно и от тех неприятностей, которые смущают вас и отягчают душу вашу. <...>

Как поступать в скорбях

Спрашиваешь моего мнения о службе, на которую желает поступить твой сын. Мое мнение такое: хотя служба эта не хороша, но праздность еще много хуже; лучше служить и быть при деле, чем в бездействии проводить время <...>

Приветствую о Господе скорбного А. И. Ему полезно в болезни от душевного потрясения прибегать к целебнику Пантелеимону и преподобному Моисею Угрину; а в деле по фальшивым векселям на него полезно ему прибегать к Святителю Николаю, священномученику Фоке и Иоанну Воину. Зло всегда забегало вперед, но не одолевало, разве только, где попускал Господь, и попустит к пользе нашей душевной и к испытанию христианского терпения.

...А. И. в настоящее время особенно полезно читать три псалма: "Господь просвещение мое и Спаситель мой, кого убоюся"; второй — "Живый в помощи Вышняго"; третий — "Терпя потерпех Господа".

Не вотще сказано в Писании: "многими скорбми подобает нам внити в Царствие Небесное"; и "враги человеку домашнии его". Всеблагий Господь да избавит нас от врагов видимых и невидимых и да подаст нам терпение и мужество к борению и к перенесению всего скорбного и оскорбительного.

Поговеть можно бы съездить в Лавру; да кажется, нет надобности. Можно и в Москве поговеть и исповедаться <...> так будет проще. Впрочем, посмотри сама, а по-моему, все равно. Кому ни исповедуй, только исповедуй искренне, — что после последней исповеди найдется тяжелого или легкого на совести. Если что вспомнится из прежней жизни неисповеданное по забвению, и это должно исповедать.

Не думай, что ты отреклась Господа тем, что, живя в лютеранском доме, стыдилась молиться Богу, как обыкновенно молишься. Исповедуй и это с самоукорением перед Богом и перед духовником, но не смущайся до отчаяния. Вперед в подобных случаях, если неудобно молиться наружно, то хотя мысленно почаще призывай милость и помощь Божию, всегда стараясь помнить вездеприсутствие Божие.

Также надо умудряться, чтобы хоть утром и вечером, ложась и вставая, помолиться Богу и видимо. Опущенные (невыполненные) поклоны можно выполнять и в другие часы и дни и даже после года. Духовнику должно сказать, когда выполнишь их или что их исполняешь. Мир тебе! и питомцам твоим!

Промыслом Божиим

В письме... ты выразила главную свою мысль и главное... желание, что ничего более не желаешь... N, как спасения его души. Если так, то не скорби много о его внешнем настоящем положении, по всему прискорбном, неустроенном и затруднительном. Но оно, по Промыслу Божию, послалось ему для пользы душевной, чтобы осмотрел себя со всех сторон и понял суету настоящей жизни, и по примеру других не предавался бы этой суете и утешениям и наслаждениям скоропреходящим.

Когда помышляем о спасении ли собственном, или о спасении нам близких, то всегда должны твердо помнить, что "многими скорбми подобает внити в Царствие Небесное", как учит нас слово Божие; и по слову апостольскому, "его же любит Господь, наказует, биет же всякого сына, егоже приемлет".

Старайся содержать все это в памяти и почаще молись так: "Господи! Ты един вся веси, вся можеши, и всем хощеши спастися и в разум истины прийти. Вразуми сына моего познанием истины Твоея и воли Твоея святыя, и укрепи его ходити по заповедям Твоим и меня грешную помилуй!"

Если так будешь делать, то будешь получать облегчение в скорби своей и вместе оказывать духовную помощь сыну своему.

Приветствую о Господе скорбного N, сердечно желаю ему терпеливо и благодушно и с пользой душевной перенести великую потерю доброй своей супруги, с верой и упованием и преданностью всеблагому Промыслу Божию. Силен Господь устроить о нем и впредь полезное и спасительное, равно и о детях его сиротках, по воле Своей святой, яко Отец сирых, по сказанному в слове Божием.

* * *

Желаю вам с милыми вашими малютками вступить в новый год с новыми силами и с новым мужеством к терпению находящих скорбей и неприятностей, в них же не бывает оскудения для всех хотящих спастися и наследовать блаженную вечность. Не ложно слово апостола, что все хотящие благочестно жити гоними будут.

О! дабы подал нам Господь постоянство и крепость неуклонно и с верой взирать душевными очами к горнему воздаянию, да таким образом удобно презрим дольние и земные расчеты, выгоды и невыгоды, приятное и скорбное, по сказанному: "любящим Бога вся поспешествуют во благое".

Тоска

Тоска, по свидетельству Марка Подвижника, есть крест духовный, посылаемый нам к очищению прежде бывших согрешений.

Тоска происходит и от других причин: от оскорбленного самолюбия или оттого что делается не по-нашему; также и от тщеславия, когда человек видит, что равные ему пользуются большими преимуществами; от стеснительных обстоятельств, которыми испытуется вера наша в Промысл Божий и надежда на Его милосердие и всесильную помощь. А верой и надеждой мы часто бываем скудны, оттого и томимся.

* * *

Рассмотрите хорошенько, нет ли к тому причин земных (что отягощает тоска), и не оскудевает ли вера и упование на всеблагий Промысл Божий? Апостол сказал: "верен Бог, иже не оставит вас искуситися паче, еже можете; но со искушением сотворит и избытие", то есть избавление от скорби и искушения.

Если таких причин не найдете за собой, то потерпите эту печаль и томление тоски, как крест духовный, и получите милость Божию и благовременное утешение по воле Божией, а не по нашим соображениям.

В помощь избавления от безотчетной печали советую вам прочесть письма святителя Иоанна Златоуста к Олимпиаде...

При внимательном чтении этих писем вы увидите, во-первых, что печаль и тоска бывает смешанная, происходящая по ухищрению вражию от мнимо-благих причин.

Во-вторых, увидите, как зловредна и душевредна такая печаль, что угодник Божий, вопреки общего обычая святых, вынужден был хвалить и ублажать свою ученицу, чтобы каким бы то ни было образом разогнать мрак душевредной печали и исхитить ее из сетей коварного врага; и для этого употребил труд усиленный, несмотря на свое заточение, крайнюю болезнь телесную и другие неудобства.

Если сумеете написанное там приложить к своим обстоятельствам, великую получите пользу духовную.

* * *

Это один из нелегких крестов духовных, которые посылаются хотящим спастись, а иногда — и не хотящим.

Тоска ваша слагается из неудобств, вас окружающих и препятствующих исполнению желаемого. Отраду же некоторую в тоске вашей находите вы при мысли о смерти потому, что тут представляется избытие многих ваших тягот. Но если бы мы, как сказано в отечнике, знали вполне, какое томление несут за гробом не получившие милости Божией, то охотно бы несли всякую здешнюю тяготу внешнюю и внутреннюю. Если о всякой вещи должны молиться Богу: "да будет воля Твоя", то более всего прилично это в отношении нашей жизни, которая нам дана для приобретения вечного спасения...

Если же кто не вполне располагается или предается в волю Божию, а дозволяет себе некоторые мнимо-благие желания, то он по временам будет впадать в малодушие и нетерпение, в избежание чего и советует Авва Дорофей мыслить так: "хощу яко же будет".

Жалуетесь на тоску и печаль!

Такое состояние души бывает от двух совершенно разных причин, а иногда и смешанных между собой.

Печаль, по духовным причинам бывающую, апостол называет полезной весьма: "печаль, яже по Бозе, — говорит он, — покаяние не раскаянно во спасение соделовает". Нераскаянно — значит, если человек не обращается вспять от покаяния и благочестивой жизни; этой печали вредят смущение, от тонкой гордости происходящее, и отчаяние, наводимое врагом душ наших.

Печаль же, по мирским причинам бывающая, весьма вредна. Она, по слову апостола, смерть соделовает не только душевную, но иногда и телесную, если человек сильно предается ей, оставив упование на Бога. Печаль мирскую производят три причины: "похоть плоти, похоть очес и гордость житейская", которые... не от Бога, но от мира сего. Три эти причины рождают причину смешанную, если человек твердо не восстанет против первых, а озирается вспять, видя миролюбцев, по-видимому, блаженствующих.

Смешанную причину печали усиливает и ревность не по разуму в вещах духовных, когда человек не может удержаться в пределах смирения, а уклоняется в рвение. Апостол Иаков пишет: "идеже зависть и рвение, ту нестроение и всяка зла вещь.

Премудрость же, яже свыше, первее чиста есть, потом же мирна, кротка, благопокорлива, исполнь милости и плодов благих, несумненна, нелицемерна". Несумненна — значит неосудлива. Считающие себя умеющими и более разумевающими склонны к осуждению.

Вот аз, скудоумный, увлекающийся желанием пользы ближнему, забывая собственное непотребство, указал вам причины, наводящие тяготу душевную, — не в обличение, но сердечно желая избавления вам от нестерпимой печали, которая отравляет жизнь вашу.

Сами вникните и рассмотрите, от чего более происходит томление духа вашего, и, призывая со смирением и верой помощь Божию, постарайтесь по силе удалить неправильные поводы и причины. Не вотще апостол сказал: "терпения потреба, да волю Божию сотворша жизнь вечную улучим".

Да! Немалое терпение, и разумение, и смирение потребно, чтобы избавиться обоюдной стремнины, где, с одной стороны, искушает тонкое миролюбие и тягота плоти, а с другой — ревность не по разуму, доводящая до рвения. И все это лишает мира душевного, тяготит, томит, смущает.

Господи, помози! Заступи, спаси и помилуй! Помилуй нас, яко немощны есмы! Враг же противоборющий бесчеловечен и добра ненавистник, яко лев рыкая ходит иский кого поглотити; но да упразднится его козподействo.

Смущение

Смущение, по каким бы оно благовидным причинам ни приходило, есть самое душевредное искушение, поэтому должно считать неправильными и несправедливыми те причины и поводы, по которым оно возбуждается.

Если Всеблагий Господь заботится о пользе нашей душевной и спасении нашем более, нежели мы сами, то и должно нам всегда искать успокоения от возмущающих нас мыслей в благости и всемогуществе Божием, а неуместной заботливостью нашей и безвременным опасением и боязнью ничего сделать не можем.

Будем жить, пока дарует нам жизнь Жизнодавец, иже мертвит и живит, поразит и исцелит, вся устрояяй премудростию своею, по единой благости, ко благому и полезному и спасительному.

Не должно забывать евангельское слово: "Горе егда добре рекут о нас вси человецы".

Зависть

Пишете вы, что, видя себя хуже других, склоняетесь на зависть.

Обратите это чувство к другой стороне и получите пользу. Видеть себя хуже других служит началом смирения, если только человек будет укорять себя за примесь противных чувств и мыслей и постарается отвергать эту душевредную примесь. Если же дадите место в душе вашей водвориться смирению, то... и будете получать успокоение от различных тягот душевных.

Также нечего завидовать и обеспеченным во внешнем отношении. Пример у вас перед глазами, что и имеющие богатое состояние не пользуются миром душевным. Для этого требуется не внешнее обеспечение, а упование твердое на Бога. Если бы вам полезно было это обеспечение, то Господь послал бы вам и богатство.

Но, видно, вам это не полезно. Притом должно знать, что иногда люди, по собственной неосторожности, сделанной когда-либо прежде, подвергаются впоследствии затруднительным обстоятельствам. В таком случае против смущения надо вооружаться самоукорением, и помощью Божией человек будет успокаиваться.

Добром сделанным оправдывать себя нельзя в таком смущении, по закону духовному: "сделавши что-либо доброе кому, жди о сем скорбного искушения". Не вотще апостол говорит: "аще живем духом, духом и да ходим: не бываим тщеславни, друг друга раздражающе, друг другу завидяще". Заметьте эти два признака, несвойственные благочестивой жизни.

Об искоренении зависти

Побеседуем о зависти, насколько страсть эта зловредна и душевредна. Дряхлый семидесятилетний старик царь Ирод, услышав, что родился Христос, новый царь израильский, уязвился завистью, которая настолько ослепила и ожесточила его сердце, что он решился избить в Вифлеемской области до четырнадцати тысяч младенцев, чтобы с ними вместе погубить и родившегося Христа...

Но завистливый Ирод Христа не убил, а душу свою навеки погубил, и избиенные им младенцы вечно будут блаженствовать в селениях праведных с мучениками, а он должен вечно мучиться в геенне.

<...> Постараемся всячески противиться зависти и истреблять эту страсть в самом ее начале, потому что до крайней степени побежденные завистью поступают в делах своих почти подобно Ироду.

...Понудим себя иметь ко всем любовь и благорасположение и доброжелательство всем, любящим и нелюбящим нас, благосклонным и неблагосклонным, благоприветливым и неблагоприветливым. Не вотще сказано в слове Божием: "Бог любы есть, и пребывай в любви, в Бозе пребывает, и Бог в нем пребывает". Аминь.

Самомнение и тщеславие

<...> Потребно нам иметь более всего смирение искреннее перед Богом и перед всеми людьми; и более бояться и остерегаться самомнения и тщеславия lt;...>

* * *

<...> Гордость и самонадеянность иногда очень беспокоят тебя. Оберегайся этих злых страстей.

Из примера святого царепророка Давида видно, что гордость и самонадеянность вреднее прелюбодейства и убийства. Последние привели пророка к смирению и покаянию, первые довели его до падения, как объясняет он это в одном псалме, говоря:

"рех, неподвижуся во век". По падении же своем совсем иное говорил: "червь есмь, а не человек, поношение человека, и уничижение людей". <...>

* * *

<...> по временам нападают на тебя помыслы гордые и самонадеянные; ... описывая душевное свое состояние, говоришь, что ты подобна разломанному зданию без окон и без дверей и т. д. Это самое и вспоминай, когда будут приходить гордые помыслы, и сама себе говори: разграбленной, разоренной чем гордиться?

Гневливость

Ты говоришь, что хоть изредка, на тебя находит сильное возмущение и раздражение. Это... искушение от врага, который не терпит, если где водворяется мир и взаимная любовь; особенно, где люди заботятся преимущественно о молитвенном подвиге, тут-то враг и старается водворить с обеих сторон гневливость, которая делает человека неспособным не только к молитве, но и ко всякому доброму делу.

Итак, блюдите себя, призывая всесильную помощь Божию;

вооружайтесь против козней врага, ищущего нанести вам душевную тщету, и всячески старайтесь удерживаться от гневливого расположения, поминая апостольское слово: "мир имейте и святыню со всеми, ихже кроме никтоже узрит Господа".

<...> На самом опыте увидишь, как велика сила Богодухновенных псаломских словес, которые опаляют и прогоняют врагов мысленных, как пламень.

О пользе чтения писем старца

Описываете прискорбные и затруднительные свои обстоятельства и говорите, что часто чувствуете потребность в духовном наставлении и укреплении.

Советую вам достать себе книгу "Письма блаженной памяти Оптинского старца иеросхимонаха Макария к мирским особам" <...> Не сомневаюсь, что в них найдете... обильное назидание и утешение в ваших скорбях и разрешение встречающихся вам недоумений.

От себя же могу вам сказать лишь немногое. В настоящее время, кажется, более чем когда-нибудь, желающие благочестно жить окружены всякими неудобствами и затруднениями.

Особенно становится трудно вести дело воспитания детей в духе христианском и в правилах святой православной Церкви.

Посреди всех этих трудностей остается нам одно: прибегать к Господу Богу, усердно просить от него помощи и вразумления и затем с своей стороны делать все, что можем, по крайнему нашему разумению; остальное же все предоставить на волю Божию и на Его Промысел, не смущаясь, если другие не так поступают, как бы нам желалось.

Пишете о разногласии вашем с супругом вашим в некоторых предметах. По временам можете в спокойном духе сказать ему, что найдете полезным, и усердно молитесь за него и за детей ваших, чтобы Господь устроил о них полезное, якоже Сам весть.

Неудачи переноси с радостью

<...> Полезнее нам всегда радоваться, а не унывать при встречающихся неудачах; радоваться же можем только тогда, когда будем благодарить Бога за то, что случающимися неудачами смиряет нас и как бы невольно заставляет нас прибегать к Нему и со смирением просить Его помощи и заступления.

И когда так будем поступать, тогда и на нас будет исполняться псаломское слово святого Давида: "помянух Бога и возвеселихся". <...>

* * *

...Как-то ваши дела идут и к какому концу грядут? Впрочем, как бы они ни шли, не мимо идет слово Писания, глаголющее: "в терпении вашем стяжите души ваша"; и — "претерпевый до конца, той спасен будет".

"Не приидох бо, — глаголет Господь, — воврещи мир на землю, но меч." Святой Иоанн Лествичник, объясняя слова сии, говорит: "чтобы разлучить боголюбивых от миролюбивых, и смиренномудрых от славолюбивых".

...Святой Иаков, брат Божий, пишет, что человек неискушен неискусен. В паремиях преподобным читается: "якоже злато в горниле искуси их".

Искушения неприятны, но полезны; да и податься от них некуда, по сказанному: "в мире скорбни будете". Значит, в целом мире бесскорбного места не найдешь; везде к одному заключению придешь, что потерпеть нужно.

Другого средства к избавлению нет. <...>

* * *

...Хорошо... если бы у тебя наружно была приятная и назидательная мина и при этом душевная тишина хранима. Хотя это и нелегко, и притрудно, и не всегда удобно, но зато и нам, и другим полезно.

Правда, что полезное редко сходится с приятным, и чаще неприятное скорее приносит пользу, нежели приятное; потому что от приятного люди скоро забываются. Ежели и сладкого меду лишнее поесть, то стошнит. Тогда потребуется лечиться холодным полынным настоем.

Не без причины святой апостол Павел написал: "вся испытующе, добрая содержите". И простая человеческая поговорка есть: "Самое дело лучше укажет, как нужно действовать".

* * *

...Помни всегда и никогда не забывай, что "хотящии благочестно жити гоними будут".

От кого же? Разумеется, прежде всего от своих, которых враг вооружает, чтобы отвратить от пути благочестия благоизволивших по нему идти.

Но хотя и тяжелы скорби, оскорбления, а зато сладок рай и приятно в нем наслаждение вечное. <...>

Принимай огорчения благодушно

...Помилует тебя Всеблагий Господь и всех живущих с тобой и да поможет тебе вперед не принимать так горячо к сердцу встречающиеся скорби и неприятности, которые едва тебя не приближают к смерти.

...Не буду тебя убеждать к благодушию и великодушию словами Писания... а только приведу теперь пословицу или поговорку одного веселого и благодушного человека, который имел обычай в подобных случаях повторять: "Сидор да Карп в Коломне проживает, а грех да беда с кем не бывает". И этот человек, как помню, при многих переменах и переворотах его жизни оставался всегда благодушен и весел. <...>

***

<...> Ты настолько предалась и предаешься безмерной печали, что несколько уже дней совсем не употребляешь пищи, так что и желудок твой стал ссыхаться.

Это неблагоразумно и несогласно с волей Божией предаваться такой вышемерной печали, когда имеем апостольскую заповедь радоваться в различных искушениях, как пишет святой Иаков, брат Божий. То же самое сказано и у апостола Павла. Всегда радуйтесь, непрестанно молитеся, о всем благодарите.

Это воля Божия. И нам следует придерживаться воли Божией, а противное отвергать и не предаваться ему. Ангел покаяния святому Ерму говорил, что печаль оскорбляет Духа Святого и неприлична рабам Божиим, то есть печаль неуместная или вышемерная.

А ты уже пресытилась печалью, пора и отложить ее и взяться за благонадежие. И простой опыт свидетельствует, что после сильной бури в море бывает велия тишина. Будем мы надеяться и ожидать подобного...

Что говорят, слушай, а что подают, кушай, особенно теперь...

* * *

<...> вооружайся терпением против находящих трудностей, всегда поминая при этом слово Самого Господа: "в терпении вашем стяжите души ваши";

и "претерпевый до конца, той спасен будет". И еще Господь глаголет: "в мире скорбни будете". В каком бы конце мира человек ни жил, скорбей по этому слову Господню не избежит.

Поэтому не унывай, а на милость Божию уповай!

* * *

Поздравляю тебя с приближающимся праздником Благовещения Божией Матери. Не без причины православная

Церковь велегласно воспевает: Благовествуй, земле, радость велию. Хвалите небеса Божию славу.

Благовествуй и ты своим N эту радость с хвалой Божией славы. Да и сама нерассудно не предавайся печали, твердо помня, что это твое главное искушение, которым враг старается отравлять твою душу и делать через это препинания разные на твоем пути.

Святой Иоанн Лествичник пишет, что безвременная и неуместная печаль, и особенно вышемерная, делает душу дымоватую. А сама знаешь, что как видимый дым разъедает очи телесные, так невидимый мысленный дым и мрак печали повреждают очи душевные.

...Подумай об этом хорошенько... и не предавайся нерассудно искусительной твоей печали. <...>

Многие трудности — от нас самих

Жалуешься на трудную жизнь... сказано в Писании утешение: "кийждо приимет свою мзду по своему труду".

Но у нас много трудностей и от мудреного нашего самолюбия, которое малодушно, любит отраду и пространство, и покой, и желало бы легко наследовать Царствие Христово, Который и на кресте молился за распинателей Своих. Мы все это забываем, потому и малодушествуем часто.

Старайся потерпеть... и Бог тебя не оставит.

Не отчаивайся, а кайся

Несть греха, побеждающего милосердие Божие, хощет бо всем спастись и в разум истинный приити. Поэтому отложи свое неразумное отчаяние и старайся соблюдать заповеди Божии; а в чем согрешишь, кайся и исправляйся.

Все скорби, постигающие тебя, терпи, по слову Божию: "в терпении вашем стяжите души ваши" и "претерпевый до конца, той спасен будет". На домашних гнева не держи, а молись за них и за всех ненавидящих и обидящих тебя; и милостию Божией спасешься...

А самоубийцы идут на самое дно адово, и тяжесть всех грешников сдавливает их там, и мучения их ужасны и бесконечны.

Взирай на пример святых, как они терпели для спасения.

Евангельские заповеди даны всем

Пишете вы, что среди мира и семейства чрезвычайно трудно отрешиться от земного. Действительно, оно трудно. Но евангельские заповеди даны людям, живущим в мире; ибо тогда не было ни монахов, ни монастырей.

Должно всем христианам помнить слово Господне: "в мире скорбни будете"; также сказанное в Апостольских Деяниях: "многими скорбми подобает нам внити в Царствие Небесное".

Не определено, какими скорбми, а вообще сказано — многими; ибо у каждого человека свои скорби, смотря по его внешнему положению и внутреннему устроению и душевным немощам.

Сообразно со всем этим одному приходится испытывать одного рода прискорбия, другому — другого рода. Но для всех Господь положил одно общее правило: "в терпении вашем стяжите души ваша" и "претерпевый до конца, той спасется".

Призывая на вас и на все семейство ваше мир и милость Божию, сердечно желаю вам от Господа всех благ и подкрепления в скорбях ваших.

Держись внутреннего подвига

Сама объясняешь, что тебе очень помогает... умеренность речи. Отвечать кратко, благоразумно и осторожно в подобных выражениях: "не знаю, что вам сказать"; иногда: "это не по моей части"; иногда: "это меня не касается"; или: "это выше меня", а иногда отвечать молча одним поклоном и проходить, как будто не расслышала или не поняла.

А сверх всего этого потребно держаться совета святого Исаака Сирина: "стараться не видеть злобы человека". В этом состоит чистота душевная... Всех Господь хочет спасти, вразумить и исправить, чтобы имели смирение и любовь и не выставляли свои заслуги, потому что все туне спасаемся благодатью Христовой...

С помощью Божией умудряйся устраивать себе так, чтобы возможно было держаться внутреннего подвига, который, по апостольскому слову, состоит из четырех частей: ко всем долготерпите, всегда радуйтесь, непрестанно молитесь и о всем благодарите.

Это воля Божия. Начинать должно с последнего, то есть с благодарения за все.

Начало радости — быть довольным своим положением.

О разговорах с братом

В большие толки с братом своим не пускайтесь. Желая ему принести душевную пользу, как бы не повредить и себя.

Знайте, что вы через брата должны будете выслушивать глубины сатанины, то есть пагубные вражие возражения и сомнения, которые он изобретал в продолжение восьми тысяч лет. В силах ли будем опровергать это? И можем ли без вреда выслушивать?

Одно посоветуйте брату вашему, чтобы ни с кем не спорил о понятиях нынешних людей, которые, быв побеждены грубыми наслаждениями временной жизни, хотят обвинить Бога, почему Он невольно не удержал их от зла! По этой причине и притворяются они непонимающими, для чего Бог создал человека со свободной волей.

Доносы

Доносы должно принимать средним образом: вполне не доверять и совсем не отвергать, а ожидать, как дело покажет.

Не должно и своим выбором служащих смущать, зная, что Господь избрал Иуду в лик апостолов, за (дело) предательства которого никто не обвиняет ни первого, ни последних.

Полезно помнить совет пр[орока] Давида: "Открый ко Господу путь твой и уповай на Него, и Той сотворит, и изведет яко свет правду твою, и судьбу твою яко полудне" (см. псалом 36)...

Молва

Даровавший всем радость вечную, да утолит и скорбь вашу — временную, касательно разнесшейся молвы о ваших служащих.

Вдруг оскорбляться этой молвой не должно, а лучше постараться сделать наблюдение и, отыскав виновных, сделать исправление. Молва эта не есть что-либо необыкновенное: чего на свете не бывает!

Всякому классу людей своего рода бывают искушения. Касательно же себя нужно искать успокоения в собственной совести, в терпении и молитве, веруя несомненно, что подобными искушениями очищаются наши согрешения, происходящие от несправедливого мнения и подозрения в отношении других.

Преподобный Марк Подвижник пишет, что, кроме этих средств, то есть терпения и молитвы, невозможно избавиться от тяжести искушений.

ХРАНЕНИЕ БЛАГОЧЕСТИЯ

О неверии и хульных помыслах

Помози тебе, Господи, приобретать прибыль внешнюю и вместе не лишаться пользы душевной.

...Пишешь о своей борьбе с сомнением и неверием.

Брань неверия и сомнения относится к хульным помыслам и считается наравне с ними. Поэтому не огорчайся очень этой бранью, хотя она не легка, а тяжела. А лучше в благодушии старайся презирать вражеские помыслы сомнения и неверия, имея в виду одно: никого не судить и не осуждать.

Святой Димитрий Ростовский пишет: "перестанем судить и осуждать ближнего и хульных помыслов не убоимся, равно помыслов неверия и сомнения".

Ты объясняешь о прежнем своем духовном настроении, что ты относилась к Христу, как к другу, объясняя Ему свои нужды.

Но такое настроение духа лютеранское, а не православное и не смиренное, а высокое.

Православное же отношение к Господу должно быть самое смиренное. Святой Исаак Сирин пишет, что "мы должны к Господу припадать в таком смирении, считая себя за земляных червяков и подобно им ползающих, и произносить молитву к Господу в детской простоте, как лепечущие дети, а не с высокомудрием".

Ты жалуешься на мрак душевный. На это отвечаю тебе словами

преподобного Макария Египетского, который говорит, что тело человеческое создано из земли; а для земли, чтобы она произращала плоды, потребны не одна весна и лето, а также осень и зима, и еще не всегда ясная погода, а потребен и дождь, попеременно. Если бы всегда была жаркая погода, тогда бы все погорело; если бы всегда был дождь, тогда бы все попрело. Также потребны не только сильные ветры, но, по временам, и... бури, чтобы проносили гнилые и заразительные застои воздуха в гнилых местах.

Подобные потрясения потребны для человека-христианина, носящего земляное тело, с которым связана его бессмертная душа. Без таких потрясений христианин не только не может приносить духовных плодов, но может погибнуть от возношения, что и случилось с падшими ангелами.

Итак, лучше будем смиряться при наших немощах и неисправности нашей, прося помилования от Господа единым Его милосердием.

Борьба с помыслами

Описываешь ты, какие с тобою были вражеские искушения: сперва тоска и страх; потом скорбь до исступления ума, что не застала брата; потом помысл высокоумия, что достигла меры бесстрастия: потом опять несытая любовь к родным и опять помысл высокоумия с самонадеянностью, что без помощи Божией, своей силой, ты можешь устоять; когда с омерзением отвергла этот помысл, то тут же услышала вражескую похвалу, то есть помысл горделивый и тщеславный стал внушать, что ты уподобилась уже святым.

После этого чувствовала какой-то покой, и хотя тайный голос предупреждал тебя, что под этой тишиной кроется обольщение вражие; но тебе все сильнее стало казаться, что ты пришла в меру совершенства и что естество души твоей так бело, как снег; а когда вспомнила, что, по слову Петра Дамаскина, душа, приходящая в преспеяние, видит свои грехи, как песок морской, и когда в недоумении стала молиться Господу и Царице Небесной, чтобы вразумили тебя, какая это сила действует в тебе, то и увидела, что эта сила — в виде валявшегося на аналое безобразного растрепанного мужика.

Теперь сама ты видишь, что вся эта противоречащая путаница есть действие врага, который борет и десными и шуиими, то тоской и страхом, то высокоумием и самонадеянностью; а когда отвергают его внушения, то опять шепчет: "благоже, благоже сотворил, победил, соделался велик".

Тебе сильно казалось, что действительно пришла в меру совершенства, а сама пишешь, что голова пустая, душа, как разграбленная храмина, что с трудом привыкаешь к устной молитве, а четочного правила ни разу не выполнила, потому что как только за него берешься, начинает тебя сильно ломать. Откуда же взялось твое совершенство?

Видим, что тут явное противоречие, которое прежде всего врачуется искренним покаянием и чистосердечным исповеданием "кому следует".

Преподобный Иоанн Лествичник говорит, что неоткрываемые духовному отцу помыслы в дела происходят... и что, напротив, открываемые язвы в горшие не простираются, но... врачуются.

Из собственного опыта видим, что человек крайне немощен и бессилен в духовной борьбе без помощи Божией. В борьбе этой, говорит преподобный Марк Подвижник, мы имеем одного Помощника, таинственного, в нас сокровенного со времени крещения — Христа, Который непобедим. Он будет способствовать нам в этой борьбе, если будем не только призывать Его на помощь, но исполнять, по силе своей, Его животворные заповеди. Повергай себя в руце превеликого Его милосердия.

Также непрестанно прибегай к заступнице нашей Владычице Приснодеве Марии; пой часто церковную песнь: "не имамы иныя помощи, не имамы иныя надежды, разве Тебе, Владычице, Ты нам помози, на Тебе надеемся и Тобою хвалимся, Твои бо есмы рабы да не постыдимся".

Гордым и самонадеянным помыслам о совершенстве противопоставляй крайнее смирение пред Богом и людьми, выставляя себе прямо на вид, что ты и устной молитве еще не научилась и келейного правила не исполняешь. Откуда же вдруг явилось совершенство?

Козни вражии против тебя не умаляются, а только изменяются в другие виды. Многокозненный враг ухищряется то возносить тебя до небес, то низводить до бездны. Но да упразднит Всеблагий Господь козни его ходатайством и заступлением Пречистой Его Матери и всех святых, благоугодивших Ему.

Ты давно все желала скорбей и попрания и уничижения от людей в отдаленном известном месте, куда тебя помысл не перестает тянуть разными изветами. Но вместо этого тебе попущено терпеть досаждения и искушения от бесов в том самом месте, где живешь.

Думаю, что тебе случилось это потому, что действовала ты вопреки сказанному в молитве Господней, в которой, во-первых, молимся так: "да будет воля Твоя", а потом в конце: "не введи нас во искушение, но избави нас от лукаваго". Не знаю, понимала ли ты смысл этих слов?

Святой Исаак Сирин... объясняет их так. Видимые скорби от людей, от обстоятельств и от болезней тела должно терпеть и переносить со смирением и благодарением, покоряясь всесвятой воле Божией. О душевных же искушениях должно молиться Господу: "чтобы не подвергнуться оным".

"Помолимся, — говорит святой, — не войти во искушение о вере. Помолимся не войти во мнении ума твоего во искушение с бесом хулы и гордыни. Помолимся не войти по попущению Божию в явное искушение диаволово, злых ради помышлений, яже помыслил еси во уме твоем, их же ради и попущен еси (в это искушение). Помолимся не отступить от тебя ангелу целомудрия твоего, да не будешь ратован горящею бранию греха, и отлучатися от него (то есть от ангела).

Помолись не войти во искушение раздражения на кого-либо, или во искушение двоедушия и сомнения, ими же душа возводится к великому затруднению.

Искушения же (скорбные) телесные вседушно подъять уготовляйся, и всеми удесами твоими пройди сквозь них, и очи твои слез исполни, да не отступит храня тяй ангел от тебя. Кроме бо искушений сих Промысл Божий незрится, и еже к Богу дерзновение невозможно есть стяжати, и премудрости духа невозможно есть научиться и божественному вожделению в души твоей утвердитися невозможно есть".

И еще святой прибавляет: "и паки помолимся не войти во искушение явное диаволово за кичение твое, но за еже любити тебе Бога, да сила Его споспешествует тебе, и тобою победит враги Своя, да искусится любы твоя к Богу, и прославится сила Его в терпении твоем. Тому слава и держава во веки веков. Аминь".

По словам святого Исаака Сирина, рассмотри свое положение, и расположение, и устроение душевное и приведи себе на память то, когда Антоний Великий в видении узрел повсюду распростертые сети вражии и с удивлением и ужасом воскликнул: "Кто может миновать и избежать всех сетей сих?", то услышал божественный ответ: "Смирение избегнет их, и не прикасаются ему".

Оставь обманчивую мысль, что ты в отдаленном месте будешь смиряться и будешь переносить всякое попрание и уничижение; а лучше смирись в настоящее время и в настоящем месте, где живем, и считай себя мысленно под ногами всех, то есть считай себя достойной всякого попрания и уничижения и досаждения. <...>

* * *

Пишешь, что у тебя опять родилось желание перейти в Арзамас. Считай это желание за искушение вражие, так как оно внушается тебе как бы с насилием. Если бы на это была или будет воля Божия, то это может устроиться само собой. У Господа Бога всяких средств много. По воле же вражией ни в каком случае действовать не должно ни под какими благовидными предлогами. <...>

По временам ты очень ослабеваешь до малодушия, а иногда и до отчаяния. Знай, что главные козни вражие две: бороть христианина или высокоумием и самомнением, или малодушием и отчаянием.

Святой Лествичник пишет, что один искусный подвижник отражал козни вражии их же оружием. Когда они приводили его в отчаяние, то он говорил сам себе и врагам: "Как же вы не так давно хвалили меня и приводили в высокоумие?!" — и через это отражал злой умысел вражий. Если же враги опять переметывались на другую сторону и начинали хвалить и подавать поводы к высокоумию и самомнению, то старец тут отвечал: "Как же вы не так давно приводили меня в отчаяние; ведь это одно другому противоречит?!"

И таким образом этот подвижник с помощью Божией отражал козни вражии их же оружием, благовременно употребляя одно против другого.

Также у тебя бывает иногда мысль восставать мужественно против врагов, и спрашиваешь: справедливо ли это? Противоположное этому малодушие показывает, что несправедливо. Не нашей меры восставать против злохитрых врагов, а всего вернее со смирением прибегать всегда к помощи и заступлению Божественному, призывая на помощь Самого Господа и Пречистую Его Матерь, как советует святой Лествичник: "Именем Иисусовым отражай ратники"...

Презирай внушения врага

Мужайся и да крепится сердце твое. Среди докучливых, а иногда устрашающих искушений вражиих утешай себя апостольскими словами: "верен Бог, Иже не оставит вас искуситися паче еже можете, но со искушением сотворит и избытие"; и часто повторяй это слово для укрепления себя.

Также презирай суетные, но злые внушения врага, угрожающего тебе погибелью. Самые угрозы его показывают тебе надежду, что он не может тебе ничего сделать, покрываемой милостью Божией. Если бы он мог что-либо сделать, то не стал бы угрожать.

Ангел покаяния святому Ерму сказал, что враг диавол совершенно бессилен и ничего не может сделать человеку, если тот добровольно не согласится прежде на какой-либо грех. Поэтому, когда враг докучает тебе студными и скверными помыслами, прибегай ко Господу, молясь псаломскими словами: "Господи! Изгонящии мя ныне обыдоша мя. Радосте моя! Избави мя от обышедших мя".

Особенно не тревожься хульными помыслами, которые явно происходят от зависти вражией. Со стороны же человека поводом к оным бывает или горделивое самомнение, или осуждение других. Поэтому в нашествии хульных помыслов прежде всего укоряй себя за осуждение других и гордое мнение за настоящее или прошедшее, нисколько не беспокоясь тем, что слышим неизреченные хулы вражии.

А благовременно иногда произноси против них слова преподобного Иоанна Лествичника: "иди за мною, сатано! Господу Богу моему поклонюся и Тому Единому послужу, а болезнь твоя и слово сие да обратится на главу твою, и на верх твой хула твоя да взыдет в сем и в будущем веце".

Наконец, необходимо тебе в настоящее время иметь в виду и твердо помнить совет Исаака Сирина; он пишет...: "когда человек, заботясь об очищении внутреннем, милостию Божиею будет приближаться к первой степени духовного разума, то есть разумения твари, тогда враг от зависти сильно вооружится на него хульными помыслами. И ты, — говорит он, — да не станешь в стране сей без оружия, да не вскоре умрешь от подседающих и прельщающих тебя. Да будут же тебе оружие слезы и частое пощение. <...> Во чреве наполненном разума таин Божиих несть".

Внимая... словам... великого отца, старайся иметь посильное воздержание в пище и в питии и сокрушенное и смиренное перед всеми сердце, чтобы приобрести спасительный плач о прежних и настоящих согрешениях и через то сохранить себя безвредно в настоящем твоем искушении от духа хулы.

Знай, что враг, если не может кому сделать вреда, то по злобе своей силится по крайней мере смущать его, досаждать ему разными помыслами и злыми внушениями.

Когда за работой... стужают злые помыслы, оставь работу и положи тридцать три поклона, смиренно призывая милость и помощь Божию.

* * *

...Пишешь, что накануне дня святого архистратига Михаила вражий помысл обещал тебе, что в самый праздник этот получишь все дары духовные, а вместо того в этот день нашла на тебя мрачная тоска и в сильной степени стал тебе стужать помысл о самоубийстве. Вот дары бесовские, прелесть вражия!

Помысл шепчет тебе, что никто из святых и желающих спастись не был борим этой мыслью. Неправда: и великие старцы были ею боримы; в Молдавии был весьма подвижный и безмолвный старец, который всю жизнь страдал такой мыслью. В этой злой вражеской брани надо чаще повторять:

"Воля Божия да будет со мною. Яко же Господеви изволися, тако да будет". Господне же изволение — спасти и помиловать всех верующих.

Еще можем иногда отвечать врагу так: "Иди за мною, сатана! Господеви Богу моему поработаю все дни живота моего. Яко Тому подобает всякая слава, честь и поклонение, со Безначальным Его Отцом и Пресвятым и Благим и Животворящим Духом во веки веков. Аминь".

О дурном глазе и суевериях

От очес призора, от ревности и зависти и от невидимых духов молится священник избавить родительницу и новорожденного. Значит, сомневаться в дурном глазе нельзя.

Но употреблять воду, в которую опускают горячие угли с молитвой, и кропить этой водой суеверно и грешно. У нас есть на то крещенская вода.

Также грешно и суеверно располагать занятия по месяцу или луне. <...>

О брани плотской

Тебя беспокоит неуместная брань плотская. Где должна бы быть для тебя польза духовная, тут враг ухищряется воздвигнуть для тебя соблазн. Презри это, потому что нелепость из нелепостей такое внушение вражие.

Пишешь, что в этой борьбе кажется тебе, кто-то стоит подле тебя. Подобные вещи бывают, когда человек при исповеди или совсем забыл какой-либо грех немаловажный, или не умел чего-либо исповедать, как бы следовало.

Молись Царице Небесной и Ангелу Хранителю, чтобы помогли тебе вспомнить и исповедать это. Тогда стоящее мечтание пройдет. Так же нужно смиряться пред Богом и людьми, считая себя хуже всех.

По причине брани плотской нахожу неуместным тебе ехать лечиться в Москву. Этим борьба... еще более усилится. Лучше потерпеть страдания от болезни к очищению грехов своих. Это вернее.

ОБ ОБИДЯЩИХ И НЕНАВИДЯЩИХ

Грех осуждения

Блажен, кто радости праздничной и духовной не отравляет никакой немощью человеческой. <...> общая у всех нас немощь, когда бываем веселы или недовольны, — судить и осуждать ближнего. Немощь эта многим из нас кажется маловажной, — а в самой вещи она очень велика и подвергает нас великому осуждению перед Богом.

Святой апостол Павел пишет: "Им же бо судом судиши друга, себе осуждаеши, таяжде бо твориши судяй" (Рим. 2, 1), то есть такой же подвергаешь себя ответственности, как и согрешивший, которого осуждаешь.

Святой Иаков, брат Божий, пишет: "Един есть Законоположник и Судия, могий спасти и погубити! ты же кто еси, осуждаяй друга?" (Иак. 4, 12).

И Сам Господь во святом Евангелии глаголет: "не осуждайте, да не осуждени будете".

Святой Димитрий Ростовский грех осуждения уподобляет седмиглавому змию, который хоботом своим отторг третью часть звезд небесных, то есть ангелов. И грех осуждения, по слову этого угодника Божия, отторгает от неба третью часть и добродетельных людей, которые без греха осуждения просияли бы, как звезды.

Некоторые греху осуждения подвергаются от привычки, иные от памятозлобия, другие от зависти и ненависти, а большей частью подвергаемся мы греху этому от самомнения и вомошения; несмотря на великую свою неисправимость и греховность, нам все-таки кажется, что мы лучше многих.

Если желаем исправиться от греха осуждения, то должны всячески понуждать себя к смирению перед Богом и людьми и просить в этом помощи Божией, памятуя евангельское слово: "нудится Царствие Божие, и нуждницы восхищают оное" и евангельское увещание тридневно воскресшего Господа: "возмите иго Мое на себе и научитеся от Мене, яко кроток есмь и смирен сердцем, и обрящете покой душам вашим. Иго бо Мое благо и бремя мое легко есть". Аминь.

* * *

<...> Заблуждения человеческие и козни вражии очень многоразличны. Когда человек во всем винит других, а не себя, то сам не видит, как он через это вдается в обман вражий (и нерадение называется прелестью вражией).

Спрашиваешь, спасешься ли? Спасешься — только не осуждай других и умудряйся среди затруднительных обстоятельств.

Мир тебе! Умудряйся.

Ложь людская

Вам кажется, что некоторые люди позволяют себе бесстыдно лгать; а на самом деле это совсем не так, а вот как. Ежели, по слову святых Отцов, и одна страсть ослепляет человека, то что будет, когда их соберется куча целая? Например: высокоумие, честолюбие, от них же гнев и ненависть...

Если возобладают такие страсти над человеком, — может ли он

иметь правильный взгляд на вещи? Не станет ли он, под влиянием этих страстей, выдавать неправильные мнения за сущую правду?

Как человеку кажется, так он и говорит.

* * *

Не будьте слишком строги к представляющим дело в ложном виде. Вот и солгавший на женщину, думаю, сделал это ненамеренно, а как светский человек, от рассеянности, смешал два разговора вместе, бывший в известной комнате, и другой, где-либо в ином месте, по слуху (об известном предмете)... Пример этому и у нас был. Г. Муравьев (А. Н.), побывав в скиту в двух кельях разных, в одной видел переплетное мастерство, а в другой — токарный станок, и после спутал в одну келью, и так напечатал в своей книжке.

Когда будет бороть вас подозрение, то вы говорите себе: "может быть, это не так?" и оставляйте дело в среднем смысле.

Помни заповеди

Ты пишешь о своем стеснительном и прискорбном положении. Что делать? Не вотще нам объявлено в евангельском и апостольском учении, что "тесен и прискорбен путь, вводяй в живот, и что многими скорбми подобает нам внити в Царствие Небесное", и что все, "хотящии благочестно жити, гоними будут".

Помышляя все это, твердо держи в памяти слова Самого

Господа: "в терпении вашем стяжите души ваши", причем чаще перечитывай в уме евангельские блаженства и особенное внимание обрати на последнее: "блажени есте, егда поносят вам, ижденут и рекут всяк зол глагол, на вы лжуще Мене ради: радуйтеся и веселитеся, яко мзда ваша многа на небеси".

А чтобы не погрешить нам обвинением других, необходимо нам... и следующие заповеди Господни: "не гневаться всуе, не судить, и не осуждать, любить врагов, добро творить ненавидящим нас, благословлять клянущих нас, и молиться за творящих нам напасть и изгоняющие ны".

Более всего и прежде всего следует... молиться за творящих нам напасть, как научает... святой Дорофей: "помози Господи, якоже веси, таким-то, и за их молитвы мне окаянной".

Краткая эта молитва, как показывает опыт, очень сильна и нам помогает, и изменяет противное расположение других.

Если же и после всего сказанного, по немощи нашей, помысл наш как-нибудь стал бы нас беспокоить или возмущать памятованием зла, тогда обратимся к сильному глаголу Самого Господа, вещающего через апостола: "Мне отмщение, Аз воздам, глаголет Господь" (Рим. 12, 19). Не это только, но и все полезное нам предавать суду Божию и во всем располагаться на всеблагий Промысл Божий.

В православной Церкви обносится мудрое слово: "Человек предполагает, а Бог располагает". Мы предполагаем так; а Господь да устроит о нас полезное, яко же угодно будет Его всеблагой и всесвятой воле. Только в настоящем положении, для успокоения нашего, крепко да держимся утешительного псаломского слова: "открый ко Господу путь твой, и уповай на Него, и Той сотворит. И изведет, яко свет, правду твою, и судьбу твою, яко полудне. Повинися Господеви, и умоли Его: не ревнуй спеющему в пути своем, человеку творящему законопреступление...", и весь псалом 36-й) до конца. <...>

* * *

Господь молился за распинающих, а первомученик Стефан молился за убивающих, чтобы не вменилось им в грех, глаголя: "не ведят бо, что творят". Делай и ты то же и получишь милость и помощь Божию и успокоишься...

Собственным своим опытом ты испытала и испытываешь, как тяжело нести притеснение по одному подозрению. Помни это и не забывай и остерегайся действовать без испытания и исследования.

Повторю: ободрись и перестань малодушествовать, и особенно остерегайся гнева, который правды Божией не соделовает. Молись и перечитывай мои письма, в которых не раз тебе было сказано: если не исполняем заповеди Божией — любите врагов ваших, добро творите ненавидящим вас, благословляйте клянущих вас и молитесь за творящих вам напасть и изгонящих вас: то чем отличаемся от язычников, которые только любящих любят!

Если хочешь гневаться, то гневайся и негодуй на невидимых поджигателей, которыми ты была окружена, как видела в видении. Они-то всех стараются путать и запутывать под благовидными предлогами, как хищные и злобные волки в овечьих кожах. Поэтому будь благоразумна и осмотрительна и осторожна, чтобы не спешить огорчаться, ему последует душевредный гнев и негодование...

Молись и читай Евангелие

Для избежания скорби, тебя отягчающей, потребно и необходимо молиться за ту особу, на которую скорбишь. И молиться так: "спаси Господи и помилуй возлюбленную мать мою (имя), и за ея молитвами помоги мне окаянной и грешной".

Молиться так имеешь евангельскую заповедь от Самого Господа, глаголющего: "любите враги ваша, благотворите ненавидящим вас, благословляйте клянущия вас и молитесь за творящих вам напасть и изгоняющия вы".

Без такой молитвы нельзя избавиться от скорби и успокоиться. А когда будешь молиться... с верой и усердием, то и особа эта к тебе может перемениться на лучшее.

Советую тебе почаще и подолгу читать Евангелие, особенно от Иоанна. Читать так, чтобы только твои уши слышали: понимаешь — не понимаешь, читай. Благодатное слово евангельское сильно прогнать скуку и уныние и успокоить тебя; только читай побольше и подольше, признавая такое искушение попущением Божиим к испытанию тебя к обнаружению внутреннего затаенного залога, чтобы постараться об исцелении затаившейся болезни душевной евангельским средством, указанным Самим Господом, глаголющим: "научитеся от Мене, яко кроток есмь и смирен сердцем обрящете покой душам вашим". Господь и через апостола глаголет: "Мне отмщение, Аз воздам"; то есть предоставь все Господу, и Господь воздаст, так как ты и не сильна воздать, хотя бы и хотела.

* * *

...Все описанное тобой показывает, что следует оставить человеческие меры и прибегнуть за помощью к Единому Богу. Лучше молись Богу так, как покойный старец Леонид советовал: "Спаси Господи и помилуй возлюбленного отца моего М. П. и за его молитвы помоги мне, грешной".

Многие примеры показывают, что такая молитва умиротворяла противных и враждующих лиц. <...>

* * *

Оставь все человеческие мнения и недоумения и молись за сестру по совету Аввы Дорофея: "помози Господи, якоже веси, рабе твоей, такой-то, и меня грешную помилуй. Хощеши бо всем спастися и в разум истины приити"...

Вспоминай свои неправды

Для успокоения душ ваших нахожу благовременным напомнить вам о евангельских словах Самого Господа: "аще кто тя ударит в десную твою ланиту, обрати ему и другую". То есть когда нас укоряют и обвиняют в том, в чем мы нисколько не виноваты, тогда мы должны обратить мысль свою к тем случаям, в которых мы были виноваты пред Богом или пред людьми, и для получения прощения в своих согрешениях должны простить несправедливость и обиды, наносимые нам от ближних наших, слыша снова Господа глаголющего: "аще отпущаете человеком согрешения их, отпустит и вам Отец Небесный согрешения ваши; аще ли же не отпущаете человеком согрешения их от сердец ваших..."

Грозно и страшно слово сие! Постараемся исполнить то, что от нас требует Слово Божие, и оставим самолюбивые наши претензии, домогаясь человеческой правды. Словом, позаботимся о том, чтобы не относился и к нам упрек апостольский: "ищуще поставити правду свою, правде Божией неповинушася". Правда же Божия состоит в том, чтобы при ударении в десную ланиту помнить дела свои с шуией стороны. Мир вам!

Не вини других

Никто тебя ни в чем не обвиняет, только ты перестань винить других и успокоишься. Никакого толку нет в том, чтобы винить других; если совершенно права, то и будь покойна. Чистая совесть сама себе успокоение, — зачем нам искать в других правоты или вины. Каждый от своих дел или прославится или постыдится.

*　*　*

Вкратце тебе скажу, что ты не вовремя взялась исправлять нравы других и защищать мнимые свои права. Других ты не исправишь, а себе можешь повредить несказанно.

Если мы желаем получить милость Божию и прощение грехов своих, а затем наследовать Царство Небесное, то должны внимать тому, что говорит к нам Господь, а не то, что внушают нам душевные враги наши и к чему побуждает нас горделивое самолюбие наше. Господь же глаголет к нам во Евангелии: "научитеся от Мене, яко кроток есмь и смирен сердцем и обрящете покой душам вашим. Иго бо Мое благо и бремя Мое легко есть".

Иго же вражие, как сама испытываешь, и тяжело, и зело люто, и весьма мучительно. Поэтому оставь злой путь... и держись пути правого...

Служебные отношения

Служебные дела ваши день ото дня усложняются и затрудняют ваше положение!

Что делать? В настоящее время неустройство в целом мире от брожения умов и от через меру развитого самолюбия; не говоря уже о каких-либо увлеченных людях, видим, что между самыми благонамеренными... редко можно найти двух во всем единомысленных и согласных; но и из таких людей всякий думает по-своему; видит вещи по-своему и действует с настойчивостью тоже по-своему, когда в силах, то — открыто; более же политически и ухищренно.

И так действуют потому, что иногда уверены в правильности своих убеждений до папской непогрешимости, иногда же уклоняются в человекоугодие, по человеческим расчетам. В первом случае забывается слово апостола: "имут ревность, но не по разуму", а в последнем случае — слово псалмопевца: "розсыпа Бог кости человекоугодников".

Находясь среди таких обстоятельств, кто еще не имеет совершенно полной власти, непрестанно да памятует совет Самого Господа: "будите мудры, яко змия, и цели яко голубие", то есть видя несправедливое действие (кого-либо), вместо того, чтобы раздражаться от негодования, должен употреблять мудрость, чтобы достигать цели не во всем, а хотя бы в главном, или в чем возможно... как змея, когда ранят тело ее, всячески старается соблюсти голову. <...>

Лучше... дело пускать в ход на волю Божию: пройдет — хорошо; не пройдет или подвергнется неправому изменению — вы за это отвечать не будете. Должно успокаивать себя тем, что Господь взирает на благое намерение и требует посильного и возможного действия, а не сверх силы и возможности.

www.ingramcontent.com/pod-product-compliance
Lightning Source LLC
Chambersburg PA
CBHW021013090426
42738CB00007B/772